チューリングの考えるキカイ

はじめに

　はじめまして、阿部彩芽と申します。共著者は私の父で、コンピュータ・サイエンスの研究者です。数年前に大学を定年退職しましたが、本人はまだ現役のつもりでいます。ここではタクジイと呼ばせてください。

　私がコンピュータ・サイエンスにはじめて触れたのは、十数年も前のことになりますが、大学の広報活動の一環で某高校での模擬講義の資料作りを手伝ったことがきっかけでした。模擬講義は大学の講義とはどんなものかを宣伝するためのもので、私の仕事はイラストを描いたり Web サイトを作ったりすることでしたので、イラストがあれば退屈でつまらない講義も少しは若者にうけると思ったのでしょう。しかし、いざ資料を作ろうとしても内容は全くチンプンカンプン。「この理論の目的はいったいなんなの？」「理論に目的などない」
「じゃ、この理論はなんの役に立つの？」「理論は役に立たなくていいんだ」
議論しても彼はまったく意に介しません。模擬講義はどうなったか、結果は聞きませんでしたが、きっと惨澹たるものだったに違いありません。

　その後、某大学で文系の学生対象の出張講義を頼まれたようです。そこで講義資料を渡され「数学を専門にしていない人にわかるかどうか意見を聞かせてほしい」と頼まれました。原稿は、定義と定理の羅列でまるで専門書のようだったので、「これじゃ読む気にならない」というと、「だったら、読む気になるように直してくれ」といいます。それから苦節十年。といっても大半は机の上に置きっぱなしで、ときどきパラパラと眺める程度でした。しかし最近になって、"数学的思考"とはどんなものか、私たち一般人の考え方と数学者の考え方は違うのか、そもそもコンピュータはものを考えているのか、などといったことに興味を持つようになりました。そのうち理論の内容はともかく、チューリングは現在のコン

ピュータ・サイエンスの基礎となる理論を作り上げた人だということがわかってきました。このような経緯で本書が生まれました。

　「なんとかして、この意味不明なコンピュータ・サイエンスを、もっと身近に…そして楽しんで知ることができないものか」

　私の現在の理解では、数学者と一般人はまず使う"言葉"が違うということです。一般の人が"数学"の本など読む気になれないのは、この点が大きいのではないでしょうか。私はもう十年以上数学とは縁のない生活をしていますから、数学者の言葉がつかえません。ですから、原稿も私と同じように数学と無縁な人にもわかる言葉で書かれていることは確かです。数学者に、専門分野について一般人にわかるように解説してくれるように頼んでも、なかなか難しいものがあります。第一に、数学者は日ごろ使い慣れた自分たちの言葉をすぐに使いたがります。「この理論の目的は何？目的地に着いたらどんな景色が見えてくるのか？」タクジイに聞いても、専門用語でお茶を濁すばかり。日常の言語は不正確であいまいだと信じているせいもあるのでしょう。そこで、専門用語は日常の言葉で噛み砕きつつ、視覚的にもわかりやすいような工夫を凝らし、コンピュータ・サイエンスの基礎理論を少しでも楽しんで知ることができる本にまとめました。

　はじめは全く納得がいかなかった「理論には目的はない」というのも、今ではなんとなくわかるような気がします。「宇宙の構造は何か」という物理学のテーマと同様、「思考とは何か」、「知能とは何か」ということを知ろうとする気持ちは、それだけで十分この理論の目的だと思います。もちろん私たち凡人は、チューリングのように新しい理論を作り出すことはできませんが、新しいことを知ろうとする知的好奇心は、旅行をしたり、映画を見たり、あるいはゲームをしたりして楽しむのと同様に、人間の本質だと思います。この本を読んで、私と同じような気持ちを共有してもらえると嬉しいです。

CONTENTS -目次-

Chapter 1 究極の人工知能とそれを実現する機械

1-1 究極の機械って作れるの? ………………………………………………… 10
1-2 究極の人工知能 …………………………………………………………… 10
1-3 人工知能の誕生〜チューリング機械〜 ………………………………… 15
1-4 現在のコンピュータと数学の歴史 ……………………………………… 17
1-5 ヒルベルトの第10問題とチューリングの停止問題 ………………… 19
1-6 アルゴリズムの限界と数学の発展 ……………………………………… 24
1-7 言語の分野とコンピュータ・サイエンス ……………………………… 26
1-8 理論の世界と現実の世界 ………………………………………………… 27

Chapter 2 自己言及のパラドックスと対角線論法

2-1 矛盾のお話 ………………………………………………………………… 30
2-2 「クレタ人は嘘つきだ」 …………………………………………………… 30
2-3 バカ犬のパラドックス …………………………………………………… 32
2-4 帰納法(再帰法) ………………………………………………………… 34
2-5 村の床屋のパラドックス ………………………………………………… 37

Chapter 3 数学的帰納法と数

3-1 "数"を正確に定義してみる …………………………………………… 40
3-2 数学的帰納法と自然数の公理 …………………………………………… 45
3-3 集合論から数を考える …………………………………………………… 47
3-4 集合と命題 ………………………………………………………………… 50
3-5 数の定義が数学の土台 …………………………………………………… 53

Chapter 4 計算モデル

4-1 アルゴリズムと機械 ……………………………………………………………… 56

4-2 アルゴリズムと流れ図 …………………………………………………………… 56

4-3 計数機械とプログラム …………………………………………………………… 57

4-4 計数機械と現在のコンピュータ ………………………………………………… 66

Chapter 5 思考を *while* プログラムで表してみよう

5-1 機械とプログラム ………………………………………………………………… 68

5-2 プログラムの能力と等価性 ……………………………………………………… 69

5-3 人の思考とプログラムの文構造 ………………………………………………… 70

5-4 *while* プログラムの文法 ………………………………………………………… 71

5-5 一般的なプログラムと *while* プログラムの違い (等価性) ………………… 75

5-6 代入文 ……………………………………………………………………………… 77

5-7 手続き ……………………………………………………………………………… 80

5-8 まとめ ……………………………………………………………………………… 84

Chapter 6 論理とプログラム

6-1 機械と関数の等価性 ……………………………………………………………… 86

6-2 無口な機械 ………………………………………………………………………… 87

6-3 *while* プログラムと部分関数 …………………………………………………… 88

6-4 論理式と *while* プログラム ……………………………………………………… 90

6-5 *if* 文と *while* プログラム ………………………………………………………… 96

6-6 *while* プログラムの能力 ………………………………………………………… 98

Chapter 7 配列とデータ型

7-1 数の表現方法 ……………………………………………………………………… 100

7-2 単進表現と d 進表現 …………………………………………………………… 101

7-3	文字列の扱い	106
7-4	対と有限列	108
7-5	ゲーデル数	110

Chapter 8 プログラム内蔵方式と万能プログラム

8-1	万能チューリング機械	124
8-2	機械語	125
8-3	機械の仕組みを知る	126
8-4	万能プログラム	129
8-5	世界で一番簡単なコンパイラの話	131
8-6	仮想空間としてのコンピュータ	135
8-7	まとめ	135

Chapter 9 計算可能性

9-1	計算可能性の能力	138
9-2	計算可能性とチャーチ＝チューリングの定立	138
9-3	集合の計算可能性	141
9-4	自然数以外の場合の計算可能性 (性別判定問題)	142
9-5	*while* プログラムの認識問題	145
9-6	素数判定問題	146
9-7	「問題」とは自然数の集合	147
9-8	ラッセルのパラドックス	149

Chapter 10 計算できない問題

10-1	計算できない問題	152
10-2	自己診断	152
10-3	*while* プログラムの自己停止問題	155
10-4	*while* プログラムの停止問題	162
10-5	停止問題を集合として表す	167

10-6 打ち切り時間停止問題 ━━━━━━━━━━━━━━━━━━━━━ 170

10-7 不要な変数と不要な文 ━━━━━━━━━━━━━━━━━━━━ 171

10-8 まとめ ━━━━━━━━━━━━━━━━━━━━━━━━━━━━ 172

Chapter 11 チューリング機械と計数機

11-1 自然数論と言語理論 ━━━━━━━━━━━━━━━━━━━━━ 174

11-2 オートマトン理論とチューリング機械 ━━━━━━━━━━━━ 177

11-3 多テープ・チューリング機械 ━━━━━━━━━━━━━━━━━ 185

11-4 プッシュダウン・オートマトン（プッシュダウン・機械） ━━━━━ 186

11-5 計算機モデルと現在のコンピュータ ━━━━━━━━━━━━━ 188

Chapter 12 実数と問題のクラス

12-1 自然数と実数 ━━━━━━━━━━━━━━━━━━━━━━━ 192

12-2 実数と対角線論法 ━━━━━━━━━━━━━━━━━━━━━ 195

12-3 計算と受理 ━━━━━━━━━━━━━━━━━━━━━━━━ 200

12-4 否定について ━━━━━━━━━━━━━━━━━━━━━━━ 204

12-5 まとめ ━━━━━━━━━━━━━━━━━━━━━━━━━━ 208

Chapter 13 計算可能性をこえて

13-1 個数と濃度 ━━━━━━━━━━━━━━━━━━━━━━━━ 210

13-2 2進小数のお話 ━━━━━━━━━━━━━━━━━━━━━━ 212

13-3 チューリングが実際に証明したこと ━━━━━━━━━━━━ 218

13-4 楽観主義者と悲観主義者 ━━━━━━━━━━━━━━━━━ 222

13-5 数学の論理構造 ━━━━━━━━━━━━━━━━━━━━━ 224

13-6 数学の論理の仕組み ━━━━━━━━━━━━━━━━━━━ 232

13-7 全体のまとめ ━━━━━━━━━━━━━━━━━━━━━━ 233

本書の歩き方

現在のコンピュータの基礎を築いた
チューリングの数学的モデルを紐解きながら
コンピュータ・サイエンスの基礎理論を学んでいきます。

難易度レベル

📗 **初心者レベル**

「万能な機械を作ることはできるのか」をテーマに本書の全体の流れをおさえつつ、数学の理論で必要な対角線論法や帰納法の原理を学びます。計数機械という計算モデルでプログラムの基本を理解します。

🏫 **高校レベル**

コンピュータの能力の本質をついた $while$ プログラムについて学びます。機械とは何か、アルゴリズムとは何かがわかります。またどんなプログラムでも解いてくれる画期的な万能プログラムについても言及します。

🏢 **大学レベル**

すべての問題を解くことができる万能チューリング機械にも、計算できない問題はあるのでしょうか。議論の対象を《機械》《問題》に広げていきます。

🎓 **大学院レベル**

現在の数学の体系についての導入部分です。計算できない問題の構造について学びます。

START の章構成:

- Chapter 1 究極の人工知能とそれを実現する機械
- Chapter 2 自己言及のパラドックスと対角線論法
- Chapter 3 数学的帰納法と数
- Chapter 4 計算モデル
- Chapter 5 思考を $while$ プログラムで表してみよう
- Chapter 6 論理とプログラム
- Chapter 7 配列とデータ型
- Chapter 8 プログラム内蔵方式と万能プログラム
- Chapter 9 計算可能性
- Chapter 10 計算できない問題
- Chapter 11 チューリング機械と計数機
- Chapter 12 実数と問題のクラス
- Chapter 13 計算可能性をこえて **GOAL!!**

コンピュータの仕組みを知ることは、実は計算機理論や数学の基本を学ぶことになります。

Chapter 1 究極の人工知能とそれを実現する機械

皆さんはＳＦ小説などで、"すべての質問に答えてくれる機械"というものを読んだことはあるでしょうか。
どのような問題でも答えることができる機械の創造は、古くから考えられてきたテーマであり、また人間の大きな夢でもありました。「計算する」機械が誕生したころの歴史を紐解きながら、コンピュータの仕組みとその能力の可能性について考えていきましょう。

1-1 究極の機械って作れるの？

小説などに出てくる"**どんな質問にも答えてくれる人工知能**"つまり**究極の機械**について考えたことはありますか？ 人間はいつの日かそのような機械を作ることができるのでしょうか。コンピュータが誕生したころの歴史を紐解きながら、コンピュータの仕組みとその能力の可能性について考えていきましょう。

わからないところがでてきたら質問します！

ウム！遠慮なくどんどん質問するんジャよ！

本書では初心者でもわかりやすいように定義や定理を繰り返して丁寧に述べる構成にしておる。
形式論理の本に慣れている読者にとっては重複に感じる部分もあるかもしれんが、反復練習だと思って読み進めてもらいたい。

1-2 究極の人工知能

究極の人工知能を持つ機械を作ることはできるか。これは言い換えると**機械の限界を知る**ということです。機械には限界があるのか、もしあるとすればその限界とはどこなのか。それを探っていきましょう。

第1のアプローチとして、**機械とは何か**という機械の概念を明確にしなくてはいけません。「機械とは何か」の境界線が曖昧なままでは、機械につ

いて議論を進めることすらできないのです。このように数学の世界では概念を明確にするための<mark>定義</mark>が数多く出てきます。定義することで定義した概念を研究の対象にすることができるようになり、それの持つ本質についてより理解を深めることができます。

また定義することで、すべての人の中でそれが<mark>共通の概念</mark>となります。ある対象に対する認識が人によって差異がないようにすること、これが定義することの意義でもあります。

"究極の人工知能とそれを実現する機械"について議論するための下準備として、「1. 機械とは何か」「2. 知能とは何か」「3. 究極 (万能性) とは何か」を明確にしていきましょう。

☑ 1. 機械とは何か

私たちの身の回りには「機械」と呼ばれるものであふれていますが、本書で扱うのは「考える (計算する) 機械」です。現代社会で「機械」に触れたことがない人はいませんので「機械とはこういうものだ」と大雑把に把握している人は多いと思います。前述したように、曖昧な理解では人によって機械の概念に差異が出てきてしまい議論ができません。本書では機械

の概念を次のように定義することにします。

「質問をして答えを返すもの」を機械と定義することで、機械の大きさや形状、重さや処理スピードなど、さまざまな要素は切り離して考えることができます。ある質問に対して、なんらかの答えを出すものはすべて機械であり、逆をいうとそれ以外のものは機械ではありません。

2. 知能とは何か

知能とは広義に捉えられる言葉のひとつで、日常生活では曖昧なまま使われている概念です。最近では**人工知能**の研究も盛んに行われ、知能は人間だけが持つものではなくなってきました。範囲が広すぎると議論が煩雑になるので、ここでは知能についての議論を**「問題が与えられたとき、その問題をどのように解決しているか」**ということに絞って考えることにします。足し算の問題が与えられたとき、機械はどのように解決しているのでしょうか。足し算の問題は「2に3を足すと何になるか」や「539400に2000030を足すと何になるか」など、無限に存在します。問題が無限個あるということは、その答えも無限個あるので、記憶領域が有限の機械にあらかじめすべての答えを用意しておくすることは不可能です。あらゆる足

し算の問題が解けるようにするには、足し算の**問題を解く手順**を機械に教えてあげなくてはいけません。この**問題を解く手順のことをアルゴリズム**といいます。ここでは機械に足し算の計算をさせることを考えましたが、人間が足し算するときも同じです。どんな足し算でも答えることができるのは、すべての問題の答えを記憶しているのではなく、足し算のアルゴリズムを知っているからです。

アルゴリズムは、人類が数を扱うようになったときから存在しました。2千年以上前の古代ギリシャでは、ピタゴラスやユークリッドやアルキメデスなどの数学者が高度なアルゴリズムを考えていますし、現在でも毎年のように多くのアルゴリズムが開発されています。

このように、ある問題に対してどのようなアルゴリズムが考えられるかといった研究の歴史は古いのですが、「アルゴリズムとは何か」という**アルゴリズム自体を対象にした研究**は割と新しく、約100年ほど前に始まりました。これは、現在のコンピュータが出現する少し前のころです。

アルゴリズムに関する理論は、現在では"**計算の理論**"と呼ばれています。ここで重要なことは、計算の理論の研究やそこで用いられた概念や用語が、現在のコンピュータ・サイエンスの源流となったことです。つまり、現代社会で欠かすことができなくなったコンピュータの発展はアルゴリズ

ムに関する理論、つまり**計算の理論**が元になっています。

「どんな質問にも答えてくれる人工知能、究極の機械を作ることはできるか」を考える際、質問が与えられたとき、その問題をどのように解決するか、つまり解法について考えなければなりません。言い換えると問題を解く手順 (=アルゴリズム) についての研究が、キーポイントになるのです。

☑ 3. 究極の万能性とは何か

　究極とは、「これ以上望むことのできない最高の、あるいは最終的なもの」という意味で使います。一方、万能性には2つの意味があります。ひとつは"無条件の万能性"です。これは文字通り"どんなことでもできる"ことを意味します。もうひとつは"究極の万能性"で、たとえば人間でいうと、"万能な人間"とは「人間ができることなら、どんなことでもできる人間」のことです。この"万能な人間"は、"なんでもできる人"ですが、すべての人間の能力を超えるようなこと、たとえば「富士山を握りつぶす」なんてことはできません。本書では"万能な機械"について考えますが、この"万能"の意味は"究極の万能性"のことで、「機械ができることなら、どんなことでもできる機械」を意味します。

1-3 人工知能の誕生〜チューリング機械〜

　私達人間は、問題に出会うと脳で考えます。「脳で考える」ことを「脳」と「考える」の2つに分けましょう。「考える」部分、つまり思考の部分はソフト面、それを実行する脳はハード面です。思考（ソフト面）と脳（ハード面）が連動して働きます。機械が問題を解くときも同様で、ある質問を与えたときに「どのように解くかというアルゴリズム（ソフト面）」と、それを「実際に実行する機械本体（ハード面）」が連動しています。アルゴリズムを実行する機械を最初に考えたのは、**イギリスの数学者のチューリング**でした。その当時はコンピュータや携帯電話はもちろん、電卓すらなかった時代です。チューリングが考案した機械は無限に長い1本のテープと、そのテープに書かれた文字を読み書きするためのヘッドが1個ついているだけの単純な構造です。そして出来ることは「ヘッドを右か左に1文字分移動すること」と、「テープに文字を書き込むことと、文字を読み取ること」だけです。単純ながらもそれまでに誰も思いつかなかった独創的な計算機のモデルでした。

　チューリングがこの機械を論文で発表した1936年のすぐ翌年に、チャーチという数学者がこの機械に**チューリング機械**という名称を与え、現在でもチューリング機械と呼ばれています。チューリングの考えた機械はある

特殊な目的のために作られた機械でしたが、その原理は計算の本質をついたもので、**現在のコンピュータはすべて原理的にはこのチューリング機械の子孫となるのです。**さらに驚くべきことに、チューリング機械はここまで単純な構造をしているのにも関わらず、現在のコンピュータの能力に劣っていません。現在のコンピュータでできることは、すべてこのチューリング機械で再現することができるのです。

　コンピュータの開発者は、ハードウェアをどう実現するかが中心となりがちですが、チューリング機械では足し算とか掛け算のような演算でさえハードウェアは必要なく、ソフトウェアで実現できることを示しています。実際チューリング機械には、ハードウェアといえるようなものはほとんど何もありません。このことは当時のコンピュータの開発者たちに、大きな影響を与えました。また、プログラムをセットすればどんな計算でもできるという**万能チューリング機械**※の発明は、その後のコンピュータの設計に大きな影響を与えました。※万能チューリング機械については **Chapter8** で詳しく説明します。

　チューリングは後年、機械と知能についていろいろな考察を行っていますが、このチューリング機械が単なる数値を計算するだけの計算機械を超えて、現在のコンピュータのように"豊富な応用を持つ人工知能"に発展していくようになるとは、きっと自身も思っていなかったでしょう。

　チューリング機械は単純な構造ながらも、どんなアルゴリズムでも実行できる万能な機械です。しかし、万能なものはどんなものでもそうですが、「万能性ゆえの欠陥」を持っていたのです。これについては **Chapter10** で詳しくお話します。

1-4 現在のコンピュータと数学の歴史

　さらに機械の歴史を紐解いてみましょう。チューリングがこのチューリング機械という計算モデルを発表したのは1930年代で、今からほぼ100年も前になります。チューリングは、「アルゴリズムとは何か」「計算とは何か」を追求したのですが、当時「数学とは何か」「論理とは何か」というような、数学自身を定式化しようとする研究も盛んに行われていました。この中には、「自然数とは何か」「数とは何か」「無限とは何か」「集合とは何か」…などという数学の基本的な問題が含まれています。「アルゴリズムをどのように表現したらよいのか」という研究は、「数学的命題はどのようにして表現したらよいのか」という研究の一環として研究されていました。これらの理論は、1970年代には、"**オートマトン理論**"、"**形式言語理論**"といったコンピュータ・サイエンスの基幹となった理論へとつながっていきます。当時開発された理論は、単に歴史的価値があるだけではありません。現在の多くの分野の基礎理論となっているのです。

　チューリングと同様に当時の多くの数学者に影響を与え、20世紀の数学研究の方向を示した数学者に**ダフィット・ヒルベルト**がいます。彼が進めていた有名な運動を**ヒルベルト・プログラム**といいます。これを簡単にいうと次のようになります。

数学自身を対象にした理論を数学で作ろう。
その数学が絶対に間違わないということを
数学的に証明しよう。

ダフィット・ヒルベルト

「その数学が絶対に間違わないということを数学的に証明しよう。」とは具体的に言うと、「Aである」という定理を数学的に証明しておきながら「Aでない」ということも数学的に証明できてしまうことはない、ということを意味しています。

ヒルベルトが出した問題のひとつに「与えられた命題が定理かどうか（すなわち公理から導けるかどうか）を決定する有限的な手続きを見つけよ」というものがあります。この問題は"**決定問題**"と呼ばれていました。現代的な言い方で言うと、**「与えられた命題が定理であるかどうかを判定するアルゴリズムを見つけよ」**となります。当時はまだ、アルゴリズムという用語は、ドイツ語圏でも英語圏でも一般的ではありませんでした。アルゴリズムという用語が、現在私たちが使っている意味で使われるようになるのは、1960年以降コンピュータ・サイエンスが生まれてからです。（当時アルゴリズムは"機械的に実行できる明確な指示の集まり"などという表現で表されていました。）ヒルベルトが出したこの決定問題に答えるためにチューリングはチューリング機械を考えたのです。

ヒルベルトの提唱した決定問題に大きな進展をもたらした人にもう一人、**クルト・ゲーデル**という人がいます。ゲーデルは、文字とか文字列といった数値ではない対象を数値として表すことを考え出しました。非数値の対象をゲーデルが考案した算出方法で数値化した数のことを現在では**ゲーデル数**と呼んでいます。数値以外のものを数値として扱うことは、現在のコンピュータでは日常普通に行われていることですが、当時としては数式とか命題のような対象を数値化して数として扱うということは画期的なことでした。ゲーデル数によって、数学はあらゆる対象を扱うことができるよ

うになり、それが現在のコンピュータの発展につながっていきました。

このゲーデル数の考え方を応用したものが<mark>ビット列</mark>であり、現在のコンピュータでは画像や音声など、非数値のデータの対象にはビット列が使われています。

1-5 ヒルベルトの第10問題とチューリングの停止問題

1900年8月、ヒルベルトはパリで開催された国際数学者会議で、20世紀の数学者に向けて、23題の未解決問題を提示しました。ヒルベルトが投げかけた問題の解を見つけようと世界中の数学者がとりくみました。ヒルベルトが提案した23の未解決問題の多くは次々と解決していきましたが、10番目の問題は、長い間未解決のまま残りました。

ヒルベルトの第10問題
与えられたディオファントス方程式が整数解を持つかどうかを判定する手続きを求めよ

　ディオファントスは古代ギリシアの数学者で、アレキサンドリアで活躍した人です。年代は、はっきりしたことはわかっていませんが、古典学者の学説では西暦250年前後であろうとされています。近世の数学界は古代ギリシアの数学を手本としていました。ユークリッドの『原論』とならんで、ディオファントスの『算術』は近世の数学者に多大な影響を与え、当時でも多くの数学者が研究していました。この数学者の名前がとられた**ディオファントス方程式**とは、整数を係数とする多変数の方程式のことです。ではディオファントス方程式の一例を見てみましょう。

　次の3つはディオファントス方程式です。古代ギリシャでは"数"とは自然数だけです。したがって、これらの方程式が「自然数の解を持つか」という問題になります。（※現在では、負の整数を解として許すこともあります。）

(1) $3x^3z + yz^2 - 3xyz - z^3 = 0$
(2) $x^2 + y^2 = z^2$
(3) $x^3 + y^3 = z^3$

　上の3つの方程式の中には、**解を持つものと、解を持たないものがあります。**

(1) は解 $x = 2, y = 5, z = 3$ を持ちます。

(2) の解をピタゴラス数といいます。たとえば $x = 3, y = 4, z = 5$ などが解です。

(3) は解を持ちません。

したがって、解を持つかどうかを判定する判定問題の答えとしては、(1) と (2) に関しては yes (解を持つ) であり、(3) に関しては no (解を持たない) となります。ディオファントス方程式を解くアルゴリズムが存在するのであれば、下の図のように、機械的に解を持つか持たないかを答えさせることができます。

ヒルベルトをはじめとする当時の数学者たちは、ディオファントス方程式を解くアルゴリズムは存在するものと思っていました。そもそも「アルゴリズムが存在しない」などという発想はありませんでした。しかし、ヒルベルトがこの問題を提唱した 70 年後、ロシアの数学者**マチャセヴィッチ**によって、この問題を解くアルゴリズムが存在しないことが証明されたのです。

　さまざまな問題のアルゴリズムが見つけ出され、それを見つけることに取り組んでいた当時の数学者にとって、==「ディオファントス方程式を解くアルゴリズムが存在しない」==という結果はとても衝撃的なものでした。もちろんアルゴリズムが存在しない問題（これを「計算不能な問題」といいます）はそれまでにもたくさんみつかっていましたが、特殊な分野の問題で一般の数学者の興味を引くような問題ではありませんでした。計算不能であると証明された問題なんて、詭弁じみた怪しげな問題で一般の数学の問題とは関係がない、と多くの人は考えていました。しかし、とうとう数学史上最も有名な、誰にも文句のつけようのないこの第10問題が計算不能であることが証明されたのです。

　アルゴリズムが存在しないという結論に至るまでの70年間、世界中でアルゴリズムについてさまざまな議論がなされてきました。最終的にこのような結論が導かれることができたのはそもそも1936年にチューリングの定義した"==計算不能=="という概念があったからです。==チューリングはアルゴリズムが存在しないということを『チューリング機械で計算できないこと』と定めました。==

　ヒルベルトの第10問題を解く土台となった問題は、チューリングが考え

た次の様な問題です。

この仕分け機械を作るには、正しい機械かダメな機械かを判定するアルゴリズムが必要です。チューリングが出した結論は以下の通りです。

この結論についての説明には長い議論を必要としますが、この問題は前述のヒルベルトの第10問題と本質的に同じであることが証明されるのです。つまりチューリングの提案したこの問題が、ヒルベルトの第10問題の解決に繋がっていったのです。チューリングが考案したこの問題をもとに、のちの数学者が改良を加えたものが現在**チューリング機械の停止問題**と呼ばれる有名な問題です。

| 与えられた機械が"正しい機械か"どうかを判定するアルゴリズムがあるか | → 改良 → | チューリングの停止問題 ──── チューリング機械 M は 入力 x の下で停止するか |

チューリング機械の停止問題が計算不能であることは、**対角線論法**と呼ばれる方法で証明されました。対角線論法は、本書でも出てきますが、当初はこの論法を受け入れない人が多くいました。対角線論法は、"自己言及"とか"うそつき論法"とも呼ばれ、なんとなく怪しげな、詭弁的な響きを持っています。チューリング機械の停止問題は、どんどん変形され、別の問題に言い換えられていきました。現在では、とても多くの問題が計算不能であることがわかっています。先に出てきたヒルベルトの第10問題もその中のひとつです。ヒルベルトの第10問題には、もはや対角線論法のあとかたさえありません。これは対角線論法が、ただのまやかしの論法ではなく、具体的な結果を導く正当な論法であることの証拠であるといえます。

1-6 アルゴリズムの限界と数学の発展

チューリングが示したことは、計算できない問題の存在、機械の限界、アルゴリズムの限界です。これは当時から（あるいは現在でも）否定的な結果と捉えられがちです。しかし「ある問題が計算不能である」ということを証明するのは、数学の限界を示すものではありません。それどころかチューリングの理論はコンピュータ・サイエンスなど、多くの理論を生み出すことになりました。数学では、否定的な結果がその分野を飛躍的に発展させることがよくあります。計算できないこと、すなわちアルゴリズム

が存在しないことを示すためには、アルゴリズムの本質を知らなければなりません。チューリングによって、「アルゴリズムとは何か」の解決の糸口が発見されてから、コンピュータは黎明期に入ります。現在のコンピュータを開発した中心人物に、**フォン・ノイマン**という人がいます。ノイマンはチューリングやゲーデルの結果をよく理解し、高く評価していました。ノイマンは、チューリングにノイマンがいたプリンストン高等研究所の助手になるように誘っています。結局チューリングはノイマンの誘いを断りますが、その後ノイマンはアメリカのコンピュータ学界を牽引する大御所になります。

ヒルベルトの提示した問題は、すべて20世紀の数学をけん引するような優れた問題ばかりであり、そのひとつの第10問題は数学者の教本のようになっていた問題でした。その有名な問題に「アルゴリズムがない」ということは数学界にとっては衝撃的なものだったのです。そこで「アルゴリズムがない」とはどういうことか、「アルゴリズムとは何か」が再度注目され、この分野が大きく発展していくことになります。

チューリングと同じころ、クルト・ゲーデルが **不完全性定理** と呼ばれる定理を発表しました。ゲーデルは**「現在の数学を含むどんな論理体系も不完全である」こと、すなわち「どんなに数学を発展させても、その体系では証明することも否定することもできないような命題が存在する」**ことを示しました。この結果は、チューリングの結果と非常によく似ていて、本質的には同じものと言えます。

チューリングやゲーデルの結果は、間違いなく20世紀最大の定理であり、数学史や伝記の作家によっていろいろな解説がなされています。その

中には、機械万能主義の終焉とか、形式主義の蹉跌などといったものもあ
ります。20世紀初頭は、科学技術が大きく発展しようとしているときであ
り、そういう時代では「計算不能」とか「数学の不完全性」などはとても
センセーショナルな結果に聞こえたのではないかと思います。

1-7 言語の分野とコンピュータ・サイエンス

　計算できない問題の存在が認められたあと、形式論理はますます発展
し、20世紀後半のコンピュータ・サイエンスは大きく動きました。またこ
の頃、数値以外のいろいろな概念を扱うことができるようになったことか
ら、数学以外のいろいろな分野に影響を与えるようになりました。なかで
も特筆すべきものに米国の言語学者エイヴラム・ノーム・チョムスキーに
よって導入された成句構造文法(1956年)があります。それまでの文法
は、規範文法といって、正しいとされる用法を示すもので、チョムスキーが
言うところによると、たとえばクモを見て、「おまえは足が8本もあるから
昆虫文法に違反している」と言うようなものだ、ということです。これに
対し、成句構造文法は厳密に定義された数学的モデルでした。成句構造
文法においても、文法上の多くの問題が計算不能となることが判明しまし
た。このことは成句構造文法の記述能力が強力すぎること、英語や日本語
と言った人間の言語としての文法を捉えきれていないことを示すものです。
その後多くの改良がなされ、現在では生成文法と総称される分野に発展し
ています。しかし見方を変えると、コンピュータ・サイエンスの方がチョム
スキーの影響を受けたという一面もあります。アルゴリズムを表現するた
めの言語であるプログラミング言語などの人工言語の設計や解析にはチョ

ムスキーが導入した文法理論が重要な役割を演じてきたからです。さらに現在では、英語などの外国語を日本語に翻訳する機械翻訳、人間と会話するロボット、多量の文書データから必要な情報を検索するシステムなど、文法理論が大きな役割を果たすようになっています。

1-8 理論の世界と現実の世界

私たちはよく、コンピュータや紙に図形を描きます。この紙にかかれた図形を実際に、倍、倍、…と拡大していくと、やがて線は面となり、面はドットとなり、すぐにこれ以上続けられなくなります。では、次に頭の中でこの線を想像してみましょう。倍、倍、とどれだけ拡大していっても、ドットなどが現れることなく美しい直線を維持し続ける直線を、容易に思い描くことができると思います。

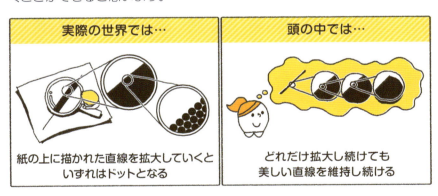

つまり、数学の世界では倍、倍、と何回拡大を繰り返しても美しい直線のままですが、現実の世界では50回繰り返したら原子の世界を通り過ぎてしまいます。

このように、「数学的な概念と、日常使われている概念」とは違うことが

あります。数学というのは物事を単純化して議論します。これは本書で取り上げる「計算可能」と「実際にロボットができること」の関係と同様です。ここでは、アルゴリズムが扱っているのは**自然数だけに限定しています。**これは理論上の問題にのみ制限し、現実的な問題には全く当てはまらないということではありません。議論を単純化することで問題の本質を述べるための作業だと考えてください。実際、音楽を作曲したり、俳句を作ったりするプログラムがあります。「自然数上の関数」は数学の世界の住人で、「音楽」とか「小説」は現実の世界の住人です。住んでいる世界が違うので一緒には議論できません。これらが計算可能であるというためには、これらを自然数上の関数として定式化する必要があります。たとえば作曲の場合「ジャンルとか感情などのパラメータを入力すると音符の列が出力される」といったような手を加えることで自然数上の関数の舞台に話を持ってくることができます。数学は議論が進めやすいように単純化したり、対象を限定することはありますが、本書で展開している理論も本質が理解できれば現実的な世界でも十分に応用がきくということがポイントです。

Chapter 2 自己言及のパラドックスと対角線論法

有名な論法のひとつに対角線論法というものがあります。ゲオルク・カントールが1891年に数に関する証明で用いたのがはじめと言われていますが、その後さまざまな問題の証明に使われています。ここでは、「矛盾」などのお話を交えながら、対角線論法の基本的な考え方に慣れていきましょう。

2-1 矛盾のお話

チューリングは対角線論法を使って「計算できない問題」の存在を証明しました。対角線論法は文字通り「矛盾」の語源となるお話の中で用いられている論法です。皆さんは呉の国の商人の話を聞いたことがありますか？

昔、呉の国の商人が、どんな盾でも貫く矛（ほこ）と、どんな矛でも防げる盾を売っていました。すなわち、万能な矛と盾です。お客の一人に「その矛でその盾をついたらどうなるのか」と聞かれて困ってしまったというお話です。これこそまさに文字通りの"矛盾"です。

そして、万能な矛と盾に象徴されるように、万能というものは**万能であるがゆえのもろさ**を含んでいることがあります。

2-2 「クレタ人は嘘つきだ」

もうひとつ有名な自己言及の話があります。自己言及とは「一般的な言明を自分に当てはめると矛盾する」ことをいいます。自己言及はよく万能性の欠点を示すために用いられます。

クレタ島はギリシアの昔話によく出てくる有名な島です。そのクレタ人が「クレタ人は嘘つきだ」と言ったとします。

皆さんはクレタ人は「真実」を言っていると思いますか？ もしくは「嘘」を言っていると思いますか？ 実はそのどちらも矛盾が生じてしまいます。

✓ 1. クレタ人は嘘つきだと仮定する

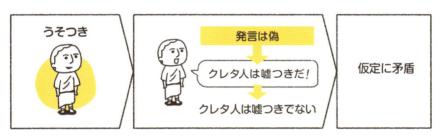

クレタ人は嘘つきだと仮定すると、発言内容は偽ということになります。発言内容を見てみると「クレタ人は嘘つきだ」と言っているので、その発言は偽、つまり"クレタ人は嘘つきでない"ということになります。はじめの仮定と矛盾します。

✓ 2. クレタ人は嘘つきでないと仮定する

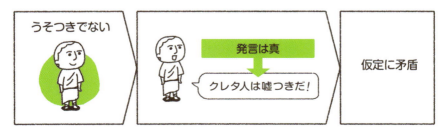

クレタ人が嘘つきでないとしても上の図のように矛盾が生じてしまいます。このように、自己を含めて言及しようとすると矛盾が生じることを==自己言及のパラドックス==と呼びます。

2-3 バカ犬のパラドックス

次にバカな犬の話で自己言及のパラドックスを考えてみましょう。賢いと評判の犬ポピーは、賢い犬とバカな犬を仕分けすることができます。犬を見てすぐに吠えてしまう犬をバカな犬。犬を見ても吠えない犬を賢い犬とします。

瞬時に仕分けることができるポピーは、賢い犬をみたら、「わん！」と吠えて教えてくれます。

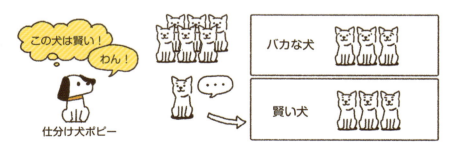

仕分けることができる犬ポピーは、あっというまに賢いと評判の犬にな

りました。そこにある人（カントール）がやってきて言いました。「ポピーに鏡を見せたら吠えるのかい？」

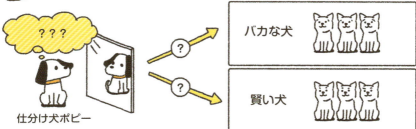

☑ 1. 鏡をみて吠えなかった場合

ポピーはバカな犬だと判断したら吠えません。つまり、鏡の中の自分の姿をみてバカな犬だと判断したことになります。はじめの定義を思い出してください。犬を見て吠えなかった犬は賢い犬だと定義しました。ここで矛盾が生じています。

☑ 2. 鏡をみて「わん！」と吠えた場合

ポピーは賢い犬には吠えるので、鏡の中の自分を見て「わん！（この犬は賢い！）」と判断したことになります。しかし、はじめの賢い犬とバカな犬の定義を思い出してみてください。"犬をみてすぐに吠えてしまう犬をバカな犬"と定義しました。犬を見てすぐに吠えてしまったポピーはバカな犬ということになって矛盾しています。

このように自分自身を仕分けることができる犬は存在しない、ということになります。これが自己言及のパラドックスで、コンピュータ・サイエン

スの言葉で言い換えると<mark>対角線論法</mark>です。このように、自分自身を判断しようとすると、矛盾が生じるということが多くあるのです。

2-4 帰納法（再帰法）

次に<mark>帰納法（再帰法）</mark>について見ていきましょう。帰納法は、証明だけではなく定義にも度々出てくる数学でとても大切な論法のひとつです。帰納法のことを再帰法ということもあります。英語でも recursion と induction の2通りがありますが、どちらがどちらの訳語というわけでもないようです。本書ではこの2つの用語は同じ意味で用います。

誰でも一回はやったことがあるあみだくじを思い出してください。パーティのとき、Aさん、Bさん、C君、D君でプレゼント交換をあみだくじで行うことにしました。Aさんは●、Bさんは▲、C君は■、D君は★のプレゼントをもらえることになりました。このとき、横線を1本加えてみても、プレゼントはそれぞれ別のものがもらえることとなり、決して同じプレゼントが重複してもらうことはありません。これは皆さんの経験からも想像がつくかと思います。

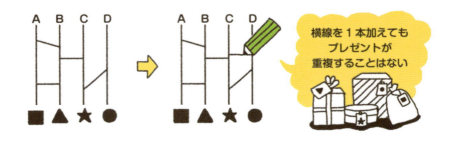

<mark>では、この横線が1000本以上あったらどうでしょうか。</mark>1000本加えて

確かめるより、もっと簡単に確かめる方法があります。それが数学的帰納法です。普通私たちが「帰納」といった場合、「具体的な事例とか観測結果から一般的な事実、普遍的法則を導き出すこと、言い換えると特殊例から普遍的命題を導き出すこと」を意味します。一方、本書で用いる「帰納法」は、さらに意味が限定されたもので、一般的な帰納法と区別するために**数学的帰納法**とも呼ばれます。「数学的帰納法」は「一般の帰納法」とは別物と考えたほうが誤解がなくていいと思います。

あみだくじの横線がゼロ本の場合、明らかにプレゼントが重複することはありません。次に、「横線が n 本あるときに成立すると仮定し、横線が $n+1$ 本になったときに、成立する」ことを示します。これが示せれば、どんな値に対しても成立することがいえます。これが帰納法です。実際に証明してみましょう。横線が n 本の状態に 1 本の横線が追加された場合を考えます。

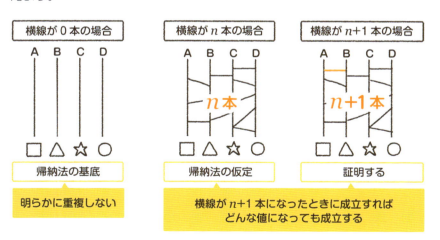

一番上にある横線に注目します。一番上の横線が図のように A さんと B さんの線を結んでいるとします（他の場合も同様です）。図のように一番上

の横線を加えた場合、AさんがもらうプレゼントとBさんがもらうプレゼントが交換されるだけです。したがって横線が $n+1$ 本の場合もプレゼントは重複しません。n 本のときに成立すると仮定して、$n+1$ 本のときにも成立することが証明できたので、もう、横線が1万本になろうが、1億本になろうが、常に成り立つことが証明できたのです。

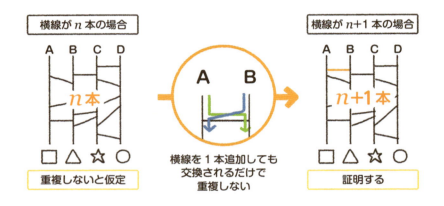

これが帰納法（再帰法）の原理です。これは長年の実績からとても画期的な方法であることがわかってきました。そして今では最も強力な証明方法であり定義の方法でもあります。帰納法は強力な道具であり、本書でもいろいろな概念が帰納法によって定義されます。帰納法が本書のもうひとつのテーマかもしれません。しかし、使い方には細心の注意が必要で、使い方を誤ると、いわゆる"循環論法"に落ち込みます。たとえば単語を調べているとき、よくたらいまわしになるような、**循環論法**にならないように扱いには注意しましょう。

2-5 村の床屋のパラドックス

次は村の**床屋のパラドックス**と呼ばれるお話です。ある村に床屋が一軒ありました。その床屋の前に立て看板があり、そこには次のように書かれていました。「自分でひげを剃らない人に限り、そして自分でひげを剃らない人は、全員私がひげを剃ります」。さて、この床屋は男でひげが生えるとします。この床屋のひげは誰が剃るのでしょう。

☑ 1. 自分で剃るとします

これは"自分でひげを剃らない人に限り"という看板の内容に矛盾します。

☑ 2. 自分で剃らないとします

　これも看板の "自分でひげを剃らない人はこの床屋が剃る" という内容に矛盾します。すなわち、**この看板はどのように解釈しても矛盾するのです。**

　床屋のパラドックスは単なるお話ですが、これと同様な議論を用いて、ラッセルは当時の集合論に大きな欠陥があることを指摘しました。これは**ラッセルのパラドックス**として知られています。ラッセルのパラドックスは当時の数学者に深刻な衝撃を与えました。それまでの集合論に致命的な欠陥があることが指摘されたのです。つまりそのままでは集合論は(したがって数学は) 矛盾してしまいます。その後、多くの数学者の努力によって集合論の矛盾は克服されました。ひとつの方法は、「集合の集まりは "集合" と認めず、別のものとする」 という方法です。この方法では、集合の集まりを**クラス (族)** と呼び集合と区別します。このようにすると、クラスの集まりに対してはさらに別の名前が必要となり、きりがないようにも思えますが、実際には現在の数学ではこれで十分間に合っているようです。もうひとつの方法は、有限集合とか、自然数全体からなる集合といったすでに使われている確実な集合から出発して、和集合、共通部分、補集合、直積などといった明確な方法だけを使って構成されたものだけを集合として認めようというものです。この方法でも問題ないようです。このようにして現在の数学はラッセルのパラドックスから免れています。ラッセルのパラドックスは **Chapter 9** で詳しく述べます。

Chapter 3 数学的帰納法と数

この章ではなんと自然数の"定義"をします。「自然数なんか幼稚園児でも知っているのに、どうしてわざわざ定義するの？」「定義なんかできるの？」と思われる方がいらっしゃると思います。現代の数学は、とても厳格な形式主義の上に作られています。その最も基礎にある自然数について考えてみましょう。

3-1 "数"を正確に定義してみる

古代ギリシャのユークリッド幾何学では数学のさまざまな概念が厳密に定義されており、とても美しいものでした。チューリングの時代より少しさかのぼったころ、数学を古代ギリシャのユークリッド幾何学のように厳密に定義しなおそうという流れが始まりました。数学自体を研究の対象とし、数学上の命題をごくわずかな公理から導き出せるようにしようとするものです。このような方法論を、**形式主義**とか**公理論主義**といいます。現在の数学の基本はこの時期に定義されたものを受け継いでいます。ここでは、私たちが普段使っている**"数"の定義**を理解しながら、定義や証明で用いられる**数学的帰納法**についても詳しくみていきましょう。

"数"とは誰もが使っている概念で、その中でも 0, 1, 2, 3…と表記される"自然数"は数の中でも最も基本的なものです。自然数は本来は非常に難しい概念ですが、ごく小さい子供でも理解しています。この世の中にそれぞれの自然数はただひとつだけ存在します。たとえば、数字 2 が表す自然数は、"two"とか"二"などいろいろな表し方がありますが、2という自然数が示す概念は世の中にひとつだけです。「自然数の 2 を見せてみろ」と言われても困ってしまうでしょう。抽象的な存在なので見せることはできません。「自然数とは何か」と聞かれたとき、これに明確に答えるのはとても難しいのです。たとえば 3 について考えてみましょう。「3 とは何ですか」と言われてすぐに説明ができるでしょうか。たとえば、リンゴの 3(個)、濃度の 3(%)、点数の 3(点)…。さまざまな 3 がありますが、それらは自然数 3 のひとつの使用例であって、そのひとつをピックアップして

説明したとしても、"3"を説明したことにはなりません。数学自体を研究の対象とするためには、まず数学の最も重要な概念である"数"についても整理して定義することが必要でした。

ではここで、1889年にジュゼッペ・ペアノが自然数について定義した**ペアノの公理**についてみていきましょう。読者の皆さんは、**ここで自然数に関する知識を一切忘れてください。**つまりこの時点ではまだ記号1,2,3は私たちは知らないはずです。普段使っている0,1,2…という数は使わずに、**ゼロと"次の数"だけを使って自然数を表してみましょう。**次は自然数の定義です。

定義　自然数の定義　Def-001

(1) ゼロは自然数である
(2) すべての自然数は"次の数"と呼ばれるただひとつの自然数を持つ
(3) (1)と(2)で定義されるものだけが自然数である

(1) 1889年、ジュゼッペ・ペアノが自然数を定義した当時はゼロは自然数に入っていませんでしたが、ここではゼロを自然数に含めることとします。
(2) 自然数には"次の数"というものがあります。そしてそれはただひとつで重複してはいけません。

ここで**形式論理**について少し解説しておきます。形式論理では"言葉の意味"にとらわれないようにします。言葉はあいまいであったり、人によって微妙に意味が異なったりするからです。形式論理では"自然数"とか"次の数"などといった言葉は単なるラベルで、たとえば"自然数"を"不自然数"に置き換えてもよいものでなくてはなりません。

(2) に出てくる"次の数"という用語は日常よく使われる言葉なので、学術用語には向きません。したがって、"x の後者"とか、もっと形式的に $S(x)$ と書くことにします。

このように整理していくと自然数の定義は以下のように書くことができます。

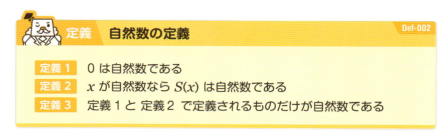

定義 自然数の定義 Def-002

- 定義1 0 は自然数である
- 定義2 x が自然数なら $S(x)$ は自然数である
- 定義3 定義1 と 定義2 で定義されるものだけが自然数である

まず、Def-002 の 定義1 より、記号 0 は自然数です。したがって 定義2 より、$S(0)$ も自然数です。この $S(0)$ にもう一度 定義2 を適用すると

$S(S(0))$ も自然数となります。したがって、

$$0, S(0), S(S(0)), S(S(S(0))), \cdots$$

は自然数となります。$S(0)$ は 0 の次の数、$S(S(0))$ は 0 の次の次の数です。自然数を全部集めた集合を N と書くと、

$$N = \{\, 0, S(0), S(S(0)), S(S(S(0))), \cdots \,\}$$

となります。 定義3 は、こういった形の定義には必ず必要となるものです。N 以外のものは自然数とは呼ばないことを言っています。これがないとなんでも自然数になってしまいます。形式主義では「言葉は単なるラベルだ」と言いましたが、実際に運用する際にはラベルはとても大切です。したがって、$S(0), S(S(0)), S(S(S(0))), \cdots$ のそれぞれに 1, 2, 3, … というラベル (略記法) を使うことにします。すなわち、$S(S(S(0)))$ は 3 と略記します。このようにすれば、たとえば「3 を見せてくれ」と言われた場合は、$S(S(S(0)))$ を見せることができます。$S(S(S(0)))$ は抽象的な自然数 3 に付けられたラベルではなく、$S(S(S(0)))$ 自身が本体で、3 はその本体に付けられたラベルということになります。

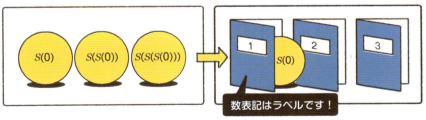

当時の大数学者クロネッカーは次のように言いました。「自然数は神がお作りになった。それ以外のものは人間が作った」。しかし、ペアノは自然

数までも作ってしまったのです。自然数自身を定義したのですが、まだ自然数という体系を完全に捉えたわけではありません。次は自然数が満たすべき基本的な性質です。これを**自然数の公理**といいます。

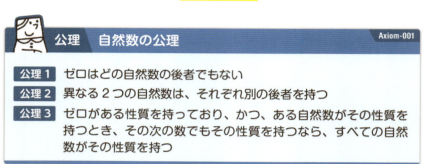

数学では"等しい"という概念がとても大切です。"等しい"という概念は自然数の定義の中には出てきません。たとえば自然数が 0 ただひとつだけだったとしましょう。すると 0 の後者、すなわち 0 の次の数は 0 となります。したがって、$0, S(0), S(S(0)), \cdots$ はすべて等しく、0 となります。**公理1** はこのような状況を取り除きます。すなわち **公理1** は、どの自然数 n に対しても $S(n) \neq 0$ であると言っています。

公理1 だけでは足りません。たとえば次のイラストのように自然数が 0, 1, 2 の 3 つだけで、後者が図の矢印のように定められていたとしましょう。

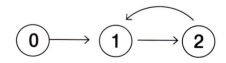

すると $S(0) = 1, S(2) = 1$ となり、0 と 2 は同じ後者を持つことになります。すぐ上で示したように、$S(S(0)) \neq 0$ つまり $2 \neq 0$ であり 0 と 2 は異なる自然数です。したがって、**公理2** に違反し、図のような構造は排除できます。

3-2 数学的帰納法と自然数の公理

公理 3 はとてもわかりにくい文章です。これは"数学的帰納法の原理"を表しています。

ある星に住む人のお話です。住人の数は無限とします。人はアパートに住んでいて、各アパートには 0, 1, 2, … と番号がふられているとします。ここで「すべての住人は女王様がご懐妊されたことを知っている」ということを証明したいとします。命題 $P(x)$ を「番号 x のアパートの住人は知っている」とします。ただし、この星の住人は、知っていることはすべて隣のアパートの住人に知らせるとします。これを式で書くと $P(x) \Rightarrow P(x+1)$ となります。言いなおすと「番号 x のアパートの住人が知っているなら、番号 $x+1$ のアパートの住人も知っている」となります。ここでは、x の次の数 $S(x)$ を $x+1$ と書いています。これが成立するとしても、帰納法はこれだけでは働きません。お話の"始まり"が必要です。"始まり"の部分を帰納法の**基底**といいます。このお話では基底は $P(0)$ で、「番号 0 のアパートの人は知っている」が成立するとします。基底が成立すると、番号 0 のアパートの住人は番号 1 のアパートの住人に知らせますから、「番号 1 のアパートの人は知っている」が成立し、同様に「番号 2 のアパートの人は知っている」,「番号 3 のアパートの人は知っている」… と芋づる式に $P(x)$ が成立することが言えます。したがって、すべての x に対し $P(x)$ が成立することになります。これが数学的帰納法の原理です。

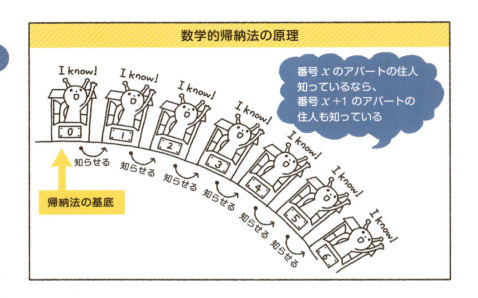

　ここで自然数の性質、公理3に戻りましょう。公理3は上の帰納法とほとんど同じことをいっています。"ゼロがある性質を持っており"、という所が数学的帰納法の**基底**になります。まずゼロで成り立たなくてはいけません。"ある自然数がその性質を持っているとき"、これを**帰納法の仮定**といいます。アパートの住人でいうと、「番号 x のアパートの住人があることを知っている」という部分にあたります。帰納法の仮定を仮定し"その次の数でもその性質を持つ"ことを示す部分を**帰納ステップ**といいます。アパートの住人でいうと、ある部屋番号の人は必ず隣りの人にそのことを伝えるので、帰納法の仮定から次の番号でも成り立つことがいえます。"すべての自然数がその性質を持つ"の部分がこの証明の結論で、この例でいうと、すべての宇宙人がそのことを知っている、となります。

　「ゼロがある性質を持っている」が基底で、「ある自然数がその性質を持っているとき、その次の数もその性質を持つ」が帰納ステップです。つ

いでに、自然数の定義 Def-002 を復習しておきましょう。定義1 の「0 は自然数」は基底。定義2 の「x が自然数なら $S(x)$ は自然数」は帰納ステップです。==自然数の定義の中に今定義しようとしている自然数が現れているのが帰納法 (再帰法) の特徴のひとつです。==

3-3 集合論から数を考える

次に数を==集合論==の観点から見ていきましょう。形式論理では、数の概念に限らずほとんどの概念が集合を使って組み立てられます。

ここで集合という概念を簡単に説明しておきましょう。"集合"という概念を導入したのは、==カントール==です。カントールが集合論を発表した当時は手ひどい批判を受けましたが、ヒルベルトの強い支持があり、集合という概念は次第に多くの人に受け入れられるようになってきていました。集合とはモノあるいは対象の「集まり」のことです。その集合を構成する各々の対象をその集合の==要素==または==元==といいます。A を集合とします。対象 x が A の要素であることを $x \in A$ で表し、x が A の要素ではないことを $x \notin A$ で表します。また、集合 B の要素がすべて A の要素でもあるとき、B は A の==部分集合==であるといいます。B が A の部分集合であることを $B \subset A$ で表します。

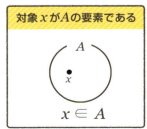
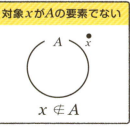
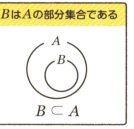

数の集合には種類があります。**実数全体からなる集合を R で表し**、**自然数全体からなる集合を N** で表します。

実数全体からなる集合 R とは、実数をひとつ残らず全部集めてきた集合です。同じように**自然数全体からなる集合を N** は自然数をひとつ残らず全部集めてきた集合です。記号で書くと以下のようになります。

$$N = \{\, 0, 1, 2, 3, \cdots \,\}$$

単に「自然数の集合」と行った場合は N だけでなく、偶数の集合、奇数の集合、素数の集合、… などいろいろな集合を含むことに注意してください。

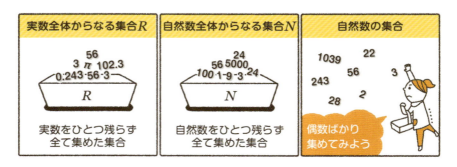

これまでに出てきた記号と、集合の概念を用いて、自然数の公理を書きなおしてみましょう。

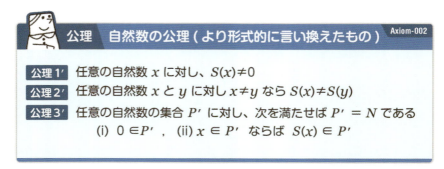

表現は違いますが、3-1 に出てきた自然数の公理 Axiom-001 と意味は同じです。前の方は、私たちが日常使う言葉で書かれており、後の方は形式的な言葉で書かれています。大きな違いは記号を使うことです。変数 x と y は一般の自然数を表す"代名詞"で、記号 0 はゼロを表す固有名詞です。たとえば 公理1' の「$S(x) \neq 0$」は「ゼロは x の後者でない」と読みます。表現も日常語の表現から形式的な表現まで、いろいろな表現があります。

次は 公理2' を言い換えたものです。

① 異なる 2 つの自然数は、それぞれ別の後者を持つ。
② 2 つの自然数は、もし 2 つが異なるなら、
　それぞれは別の後者を持つ。
③ 任意の自然数 x と y に対し、$x \neq y$ なら $S(x) \neq S(y)$ である。
④ $\forall x, y \in N, x \neq y \rightarrow S(x) \neq S(y)$

　実は、数学上のどんな命題も、最後のような式（こういった式を論理式といいます）で書けてしまうのです。日常語では、「2 つの自然数 x と y」といった場合、普通 x と y は異なることが前提となっていますが、数学では $x = y$ の場合も含めることに注意してください。議論を展開するのにこの方がずっと便利だからです。したがって、①の表現よりは②の式が好まれます。②の表現にも慣れておきましょう。

公理3′ に対しては少し説明が必要です。公理3 は自然数の「性質」に関し述べていますが、公理3′ は自然数の「集合」に関して述べています。日常語は表現の仕方がたくさんあって、微妙なニュアンスの違いが表現できますが、形式的になればなるほど意味が限定されます。数学では、「真か偽を表す表現」を**命題**といい、数学では「性質」は命題の形で述べられます。最初の 公理3 では、「ある自然数がその性質を持つ」という表現を使っていますが、これはある自然数 x が与えられると真か偽がきまりますから命題です。この命題を $P(x)$ で表すことにします。次は 公理3 と 公理3′ の中間の表現です。

公理　自然数の公理3″　　　　　　　　　　　　　　　Axiom-003

性質 P が次の (i) と (ii) を満たすなら全ての自然数が P を満たす
(i)　$P(0)$
(ii)　任意の x に対し、$P(x)$ なら $P(x+1)$

3-4 集合と命題

次に**集合 P を計算する**とは何かを考えてみましょう。"集合を計算する"という表現はあまり馴染みがないかもしれません。

あるxを持ってきたとき、xがPの要素かどうかを判断することを、「集合Pを計算する」といいます。

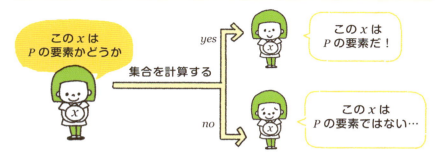

次に命題Pについても考えてみましょう。命題とは与えられた対象xに対して真か偽の2択で答えられる表現のことをいいます。

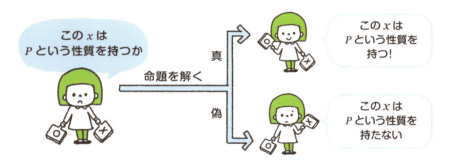

上のイラストをみてもわかるように、**集合Pを計算する**と**命題Pを解く**とは、同じことをしているといえます。

公理3′ を復習しておきましょう。

> 任意の自然数の集合 P' に対し、次を満たせば $P' = N$ である。
> (i) $0 \in P'$,　(ii) $x \in P'$ ならば $S(x) \in P'$

ここで、 公理3 と 公理3′ が実は同じことをいっているのだ、ということを前に述べた「ある星の宇宙人のお話」を例に説明しましょう。$P(x)$ を次の命題とします。

命題　$P(x)$　番号 x のアパートの住人は知っている

すると、命題 P を集合 P' の形で言い直すと次のようになります。

$$P' = \{\, x \mid P(x) \,\} = \{\, P(x) \text{ を満たす } x \text{ 全体} \,\}$$
$$= \{\, \text{女王様のご懐妊を知っている宇宙人のアパートの番号} \,\}$$

証明すべきことは、「すべての宇宙人が知っている」こと、すなわち $P' = N$ です。 公理3′ の (i) は帰納法の基底で、「$0 \in P'$」、すなわち「$P(0)$ が真」すなわち「番号 0 の住人は知っている」です。(ii) は帰納ステップで、「$x \in P'$ なら $x+1 \in P'$」、すなわち「$P(x)$ なら $P(x+1)$」、すなわち「番号 x の住人が知っているなら、番号 $x+1$ の住人も知っている」となります。

言い換えると、 公理3′ は日常語で書かれた 公理3 を形式的な表現で書き換えたものにすぎません。

集合の概念を使うと、「x は自然数である」という表現は「$x \in N$」と書くこともできます。また「A は自然数の集合である」という表現は「$A \subset N$」と書くこともできます。

==自然数の定義と、公理 1,2,3 をあわせたものをペアノの公理系、あるいはペアノの算術==といいます。

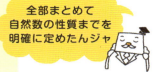

ペアノの公理系 または ペアノの算術

自然数の定義　　自然数の公理

3-5 数の定義が数学の土台

　「どうして自然数の定義をする必要があるの？」と疑問に思われた読者もいるかもしれません。また、この章の自然数の定義は、とても人工的で不自然な感じがしたかもしれません。そもそも、自然数は人間が頭の中で考え出したものではなくて、人間などいなくても、もともと存在していたものだ、と考えている人もいるでしょう。数は、小さな子供でも、大昔のギリシャ人やバビロニア人でも、英語を使っているアメリカ人でも、日本語を使っている日本人でも、解釈の違いなどなく、全く同一の概念を共有しています。ですから、もし宇宙人がいるとしたら、宇宙人も同じ数の概念を持っているかもしれません。

　ことの起こりは、自然数ではなく実数でした。たとえば　$\sqrt{2}$　は

$$\sqrt{2} = 1.14142\cdots$$

と小数点以下無限に続く無限小数で表せます。このような無限列を認めることができるでしょうか。そもそも"実数"とは何者なのでしょうか。近世に入り、微積分学は大きく進歩し、実りある結果が数多く生み出されていましたが、基礎がしっかりしていなかったために、著名な数学者でもずさんな推論をして、誤りを犯すことがしばしばありました。そのため、"実数

の厳密な定義"が求められたのです。それにはまず自然数の定義からはじめなければなりませんでした。自然数といっても、単に自然数の集合

$$N = \{\ 0, 1, 2, \cdots\ \}$$

だけを定義するだけでよいというわけではありません。足し算とか掛け算などの演算や、大小関係とか偶数、奇数などといったいろいろな性質の定義をおこない、自然数に関するいろいろな定理を厳密に証明しなければなりません。すなわち、**自然数論**、**整数論**といった理論の構築です。そこでは、公理や定理とは何か、公理や定理はどのような言語を使ってどのように表現したらよいかが問題となりました。もちろんアルゴリズムとは何か、アルゴリズムはどのように表現したらよいかも考えられました。いろいろな概念の定義や、定理の証明に強力な威力を発揮したのが"帰納法"です。あるいは、帰納法が唯一の方法といってよいかもしれません。数学的帰納法は古くからあり、パスカルが使っていたとか、中世のアラビア数学にも現れているという人もいます。数学的帰納法を、自然数論というシステムの中で、上で述べたような形で定式化したのはペアノであり、「ペアノの公理系」はすべての数学の土台になっています。

Chapter 4 計算モデル

機械がどのように思考し、どのように問題を解いていくかをプログラムを使って考えていきましょう。本書ではプログラムを理解するために、初心者でも容易に理解できる"計数機械"という単純な計算モデルを用いて説明します。どんな複雑な計算も、この単純な計算モデルで解くことができることに注目してください。

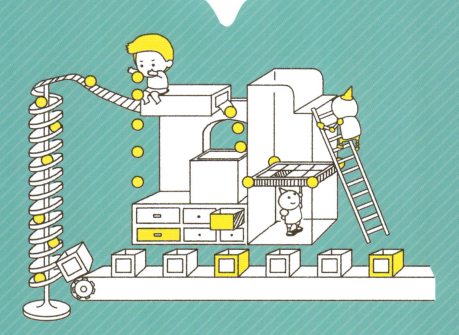

4-1 アルゴリズムと機械

機械には、機械のメカニズム部分を指す<mark>ハード面</mark>と、思考部分を指す<mark>ソフト面</mark>があります。機械を作るための研究には、その両方の面からのアプローチが必要です。**Chapter1**で「アルゴリズムとは計算する手順」と述べました。機械に計算をさせる場合は、ハード面とソフト面の両方がうまく連携して働くことで計算が完結するのですから、それらをまとめてアルゴリズムだということができます。この章では両方の面からアルゴリズムの全体像を見ていきましょう。

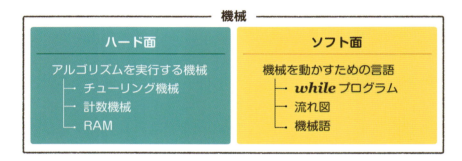

4-2 アルゴリズムと流れ図

まずはソフト面からアプローチしてみましょう。物質をどんどん分解していくと最後に原子にたどり着くように、アルゴリズムもその操作手順を分解していくと、最後には非常に単純な構成要素にたどり着きます。

アルゴリズムは、いくつかの実際に実行可能な命令から構成されます。これらの命令をどのような順序で実行するかを図解したものが**流れ図**です。流れ図は次のブロックを組み合わせて構成されます。

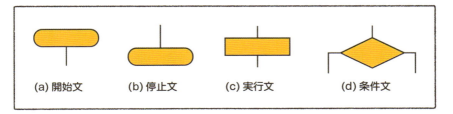

(a) は**開始文**で、これが示す命令から開始します。(b) は**停止文**で、ここに達したら終了します。命令は、データを操作する**実行文**と、データを調べて次にどの命令を実行するかを判定する**条件文**とからなります。実行文は (c) で、条件文は (d) で表示します。この流れ図はアルゴリズムを、人が視覚的にもわかりやすいように考え出された表記法です。機械を動かすための言語、つまりプログラムの表記法で使われるのでおさえておきましょう。

4-3　計数機械とプログラム

　初心者やこの分野の概要をざっと知りたいと思っている人にとっては、複雑なチューリング機械のプログラムを理解するのは苦痛であろうと思います。そこで本書では、プログラムを理解するために**計数機械**という初心者でも容易に理解できる計算モデルを用いることにします。計数機械は形は違えど本質的にはチューリング機械と同じものだと考えてください。計数機械は現在のコンピュータとの親和性が強く、現在のコンピュータ・サイエンスという立場から計算の理論を解説するには、むしろこのモデルの方が適しています。

計数機械は、計数器と呼ばれるいくつかの箱を持っています。箱には $x_0, x_1, x_2, \cdots$ という名前（ラベル）が張られています。

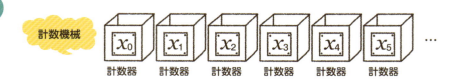

箱には小石を入れることができます。小石の数が自然数を表します。言い換えると、計数器は自然数を格納する容器です。実行する演算では、箱に小石を1個入れることと、箱から石を1個取り除くことができます。これ以外の演算はできません。また、箱が空かどうかを判定することもできます。

計数機械の**基本実行命令**を式で書くと、次のようになります。

$$(1)\quad x_i\mathrel{++} \qquad (2)\quad x_i\mathrel{--}$$

ここで i は 0, 1, 2, … のどれかです。(1) は計数器 x_i に小石を1個入れること、(2) は計数器 x_i から小石を1個取り除くことを意味します。ただし、計数器 x_i が空の場合は、取り除けないから空のままとします。

次は、計数機械の**基本判定命令**です。

(3) $x_i = 0$?

これで計数器 x_i が空かどうかを判断します。ある箱には役割が割り当てられています。x_1 を入力用の箱、x_0 を出力用の箱とします。入力用の箱に小石を入れ、その他の箱は空で計算を開始します。

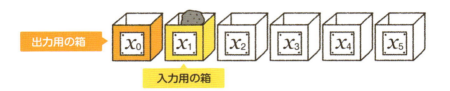

では実際にプログラムを書いてみましょう。次の流れ図は、入力を 2 倍するプログラムを表しています。

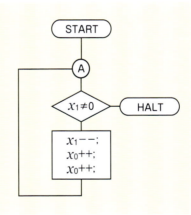

入力用の箱 x_1 に k 個の小石を入れます。x_1 から小石を 1 個取り除くごとに、x_0 に小石を 2 個入れます。この操作を箱 x_1 が空になるまで繰り返します。x_1 が空になったとき、出力用の箱 x_0 には $2k$ 個の小石があるはずです。

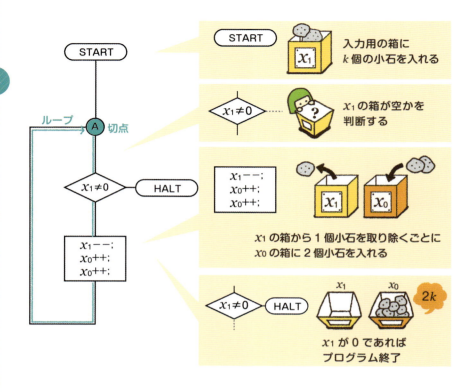

　このことを、**プログラム P は入力 k の下で $2k$ を出力する**といいます。このプログラムが正しいことを証明しましょう。このプログラムは簡単なので、ほとんど証明する必要もないのですが、本書ではプログラムにはできるだけ証明を付けることにします。もう一度流れ図を見てください。点 A から条件文と実行文を通ると、また点 A に戻ります。このようにある点から出発し同じ点に戻る道を**ループ**といいます。点 A のようにループを切る点を**切点**といいます。

　プログラムが正しいことを証明するコツは「切点でどういった量が不変となるか」を見つけることです。切点はどこに設定してもかまいませんが、

証明のポイントはどういった量が不変であるかを見極めることです。家計簿に置き換えて考えてみましょう。家計簿には収入欄と支出欄があります。自分がつけている家計簿が正しく記入されているかどうかは、どのように判断すればよいでしょうか。それは「収入から支出を引いた額が残高になる」という式が常に成り立っていれば、その家計簿は正しく記入されているということができます。「収入から支出を引いた額が残高になる」ということが常に成り立っているかどうかを証明するには数学的帰納法を使います。

どうしてこんな条件を見つけたのかなあ…
自分では見つけられないよ。

幾何における補助線のようなもんじゃ。
いくつか実例を見ているうちに習得できるだろうよ。

　先程のプログラムに戻って考えてみましょう。まず適当な切点を選んでプログラムのループを切断します。次にこの切点でどのような条件が成り立つかを考えます。最後に、切点に付けられた条件が成立することを数学的帰納法を使って証明します。実際にやってみましょう。上のプログラムでは切点 A に次の条件 (a) を割り当てます。

$$(a)\quad x_0 + 2x_1 = 2k$$

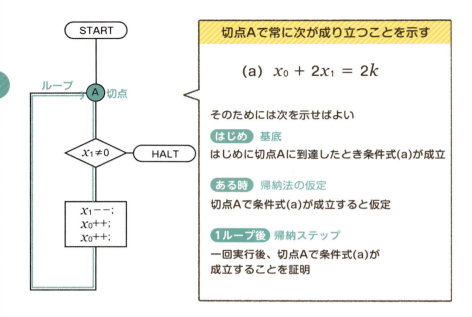

切点 A に到達したときに常に条件文 (a) が成り立てば、このプログラムは正しいことになります。常に成り立つことは数学的帰納法を使って証明します。最初に切点 A に達したとき、(a) $x_0 + 2x_1 = 2k$ が成り立つかどうかを考えてみます。これが数学的帰納法の基底となります。

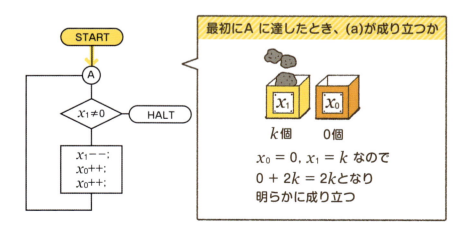

あるとき、切点 A で (a) が成立したと仮定します。これが数学的帰納法の仮定です。$x_1 \neq 0$ とします。このときは、次の実行文が実行され、再び切点 A に戻ります。

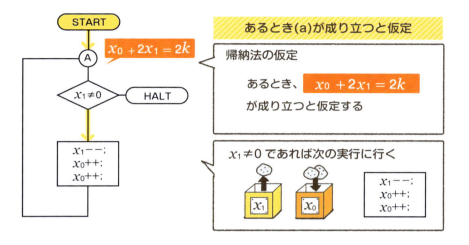

実行文が実行されたあとの x_0, x_1 の値を x_0', x_1' とします。

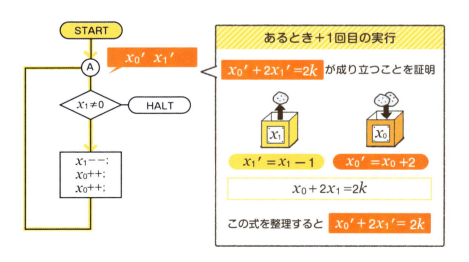

x_1 -- が 1 回、x_0 ++ が 2 回実行されるので

$$x_1{}' = x_1 - 1, \quad x_0{}' = x_0 + 2$$

となります。したがって、帰納法の仮定 (a) にこれらを代入すると

$$(x_0{}' - 2) + 2(x_1{}' + 1) = 2k$$

となり、この式を整理すると

$$x_0{}' + 2x_1{}' = 2k$$

となります。したがって $x_0{}'$ と $x_1{}'$ に対しても (a) が成立します。よって帰納法より、任意の時点で (a) が成立することがいえました。切点 A で $x_1 = 0$ が成立する場合を考えます。この場合は、プログラムを終了します。(a) と $x_1 = 0$ より、プログラムが終了した時点では常に $x_0 = 2k$ が成立します。

上のプログラムでは入力は x_1 で箱 1 個でしたが、一般に入力は 1 個とは限りません。入力が n 個のときは、$x_1, x_2, \cdots, x_n$ を入力用の箱とします。次の例は、2 個の入力の足し算をするプログラムです。したがって x_1 と x_2 が入力用の箱となります。

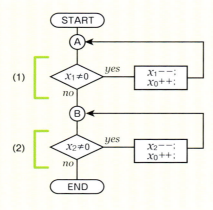

　プログラムの動きを見てみましょう。まず (1) で、箱 x_1 に入っている小石を箱 x_0 に移します。次に (2) で、箱 x_2 に入っている小石を x_0 に移します。このように、x_1 に x 個、x_2 に y 個の小石を入れて計算を開始すると、P が停止したとき、出力用の箱 x_0 には $x + y$ 個の小石があることになります。すなわち、プログラム P は、入力 x, y に対し、$x+y$ を出力します。

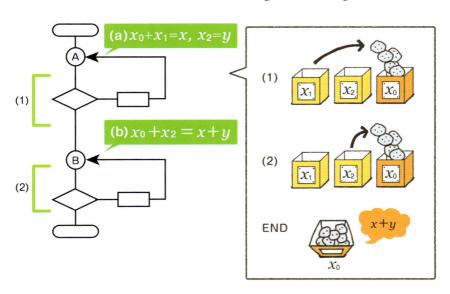

このプログラムが正しいことを証明するには、切点 A で次の条件 (a) が成り立ち、切点 B では条件 (b) が成立することを示せば OK です。

(a) $x_0 + x_1 = x,\ x_2 = y$

(b) $x_0 + x_2 = x + y$

4-4 計数機械と現在のコンピュータ

　計数機械はとても単純な計算モデルです。どんな複雑な計算も計数機械の基本的な操作を組み合わせて構成すれば計算できるということが、長年の経験と実績からわかっています。これは計算の手順 (アルゴリズム) がありさえすれば、どんな難しい問題でも計数機械で実際に計算することが可能だということを意味しています。言い換えると、現在のどんなスーパー・コンピュータも計数機械と同じ能力だということになります。それどころか未来に出現するであろうどんなコンピュータも計数機械の能力をこえないであろうと考えられています。

　本当にそうでしょうか。こんな "おもちゃ" 同然の計数機械にそんな能力があるのでしょうか。まるで幼稚園児が相撲の横綱と同じ能力だといっているようにも思えます。このことを知るために現在のコンピュータのプログラムについて以下でもう少し考えてみましょう。

Chapter 5 思考をwhileプログラムで表してみよう

while プログラムは、世界で最も簡単なプログラミング言語です。これまで1度でもなんらかのプログラミング言語を使ったことのある人ならすぐに習得できると思います。まだプログラミング言語など何も知らない人は、世の中にこれほど簡単なプログラミング言語はないのですから、この機会にぜひ覚えてください。

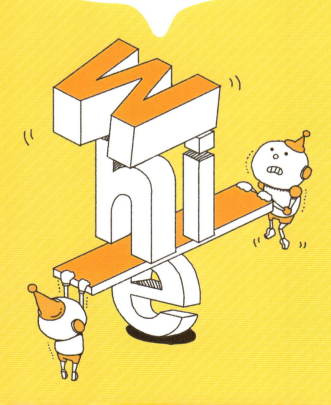

5-1 機械とプログラム

　私たちは言語のおかげで、人に自分の考えを伝えたり、自分の考えたことを記録することができます。また、ものを考えるにも言語が必要です。**プログラミング言語**も、アルゴリズムを記述するために人間が考え出した一種の言語です。日本語や英語のような自然言語にくらべると、いろいろと制限も多いですが、原理的なアルゴリズムの記述能力としては、プログラミング言語は日本語などの自然言語と同等の能力を持っています。

　皆さんは"プログラム"と聞いた場合、宇宙探査機のプログラムとか天気予報のプログラムといった"高級な"プログラムが頭に浮かぶことと思います。それに比べ、本書で扱う *while* **プログラム**はあまりにも単純です。すでに一般的なプログラムを扱っている読者にとっては子供の三輪車とジャンボジェット機と比較しているようだと思われるかもしれません。しかしこの *while* プログラムこそが一般的に使われているプログラミング言語の本質を捉えたものであり、無駄な部分をそぎ落とした原石といえるプログラミング言語なのです。

　アルゴリズムの記述方法として、*while* プログラムと流れ図の2つを使って説明していきます。流れ図は直観的にわかりやすく初心者でもすぐに理解できますが、ノートや本に書くときは紙面を多く使い不経済です。

アルゴリズムを考えるときは流れ図の方がよいかもしれませんが、記録をするには文字列で表示される $while$ プログラムの方が適しています。

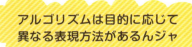

$while$ プログラムや流れ図はプログラミング言語の表現方法のひとつです。それを実行する物理的な媒体が計数機械です。計数機械にプログラムをセットすると、計数機械はそのプログラム通りに計算を実行します。

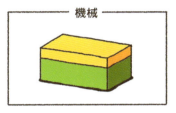

5-2 プログラムの能力と等価性

　数学においては「2つのプログラムが"等しい"」などの"等価性"が最も基本的で大切な概念です。機械が等価であるとは、簡単にいうと質問が与えられたときに同じ答えを出すことです。この詳しい説明は次節で説明します。$while$ プログラムは現存するどんなプログラムともこの等価性の意味で同等の能力を持ちますが、さらに注目すべき点は現存のプログラムとの比較だけに止まらず、将来現れるであろうどんなプログラムと比較しても $while$ プログラムの能力を超えるものは現れないということです。つまり $while$ プログラムが**究極のプログラミング言語**だといっても過言ではありません。もちろんそれを示すには長い道のりが必要です。

5-3 人の思考とプログラムの文構造

　目の前のお皿にたくさんのリンゴが置いてあります。"リンゴがなくなるまで食べる"という動作を考えてみましょう。あなたの頭の中ではどのように思考して、目の前に置かれたたくさんのリンゴをなくなるまで食べるという動作を実行しているのでしょうか。この動作は以下のように分けて考えることができます。「お皿の上にあるリンゴを見てリンゴが０個でなければ１つ食べます。もう一度お皿を見ます。お皿の上にリンゴが０個でなければもう１つ食べます。繰り返します。お皿を見ます。お皿の上にリンゴが０個です。ごちそうさま(終了)。」

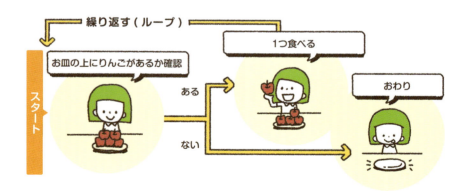

　「リンゴが目の前のお皿からなくなるまで食べる」という一連の動作には繰り返し(ループ)が含まれています。「ノートに字を書く」「新聞を隅々

まで読む」「駅まで歩く」など日常の思考や動作にも同じような繰り返し (ループ) が含まれています。この一連の動作を機械に行わせるための機構を考えてみましょう。プログラムにもたくさんの種類がありますが、も最もシンプルなプログラミング言語である ***while*** プログラムで考えてみます。

5-4 ***while*** プログラムの文法

while プログラムはとても厳密なルールがあります。以下の文法にのっとって書かれたものだけが ***while*** プログラムの文として認められています。

☑ 1. 変数

while プログラムで使用できる<mark>変数</mark>は $x_0, x_1, x_2, x_3, \cdots$ に限られます。計数機械は計数器と呼ばれる自然数を格納する箱を持っています。<mark>変数</mark>はこの箱に付けられた名前 (ラベル) と考えると理解しやすいと思います。

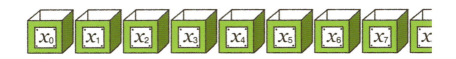

次の形の表現を ***while*** プログラムの<mark>基本実行文</mark>といいます。

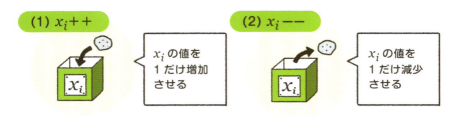

ここで x_i は変数です。x_i ++ は x_i の値を 1 だけ増加させることを、

x_i -- は x_i の値を 1 減少させることを意味します（だたし、x_i の値が 0 のときは 0 のままとします）。

☑ 2. 文

$\textit{while}$ プログラムの <文> とは、上で定義した <基本実行文> と、次で定義される <$\textit{while}$ 文> と <複合文> のことです。

※プログラムの世界では単語を <> で括って術語であることを強調することがよくあります。ここではこの習慣に従うことにしました。

<$\textit{while}$ 文> とは次の形をした表現のことです。

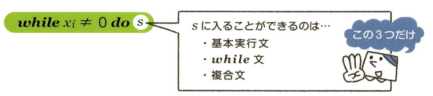

s は文で、x_i は変数です。x_i が 0 でない間 s を実行することを意味しています。s というと x や y のような変数を思い浮かべる読者もいるかもしれませんが、ここで s には「文が入る」ことに注意してください。

<複合文> とは次の形をした表現のことです。

$$\textit{begin } s_1; s_2; \ldots; s_m \textit{ end}$$

$s_1, s_2, \cdots, s_m\ (m \geq 0)$ は文です。言い換えると、複数個の文を括弧（$\textit{begin}$ と $\textit{end}$）で囲ってひとつの文としたのが複合文です。

<文> の定義の中にまだ定義されていない <$\textit{while}$ 文> <複合文> が現れます。さらに <$\textit{while}$ 文> の定義の中に、まだ定義の終わっていない <文> や <$\textit{while}$ 文> や <複合文> が現れます。ある対象を定義するときに、通常は定義されていないものを使ってはいけませんが、そ

れを特別に許したものが前の章にも出てきた**帰納的定義**です。

$m=0$ の場合はどうなるの？

$m=0$ の場合は文の数が0で***begin end***となるのジャ。
これも複合文のひとつとして考えるのジャよ。
動作としては「なにもしない」ということを意味している文になるゾ。

では ***while*** 文の文構造（ ***while*** $x_i \neq 0$ ***do*** s ）の s の部分に具体的に＜文＞を入れてみましょう。

$$\textit{\textbf{while}}\ x_2 \neq 0\ \textit{\textbf{do}}\ x_2\text{--} \qquad ①$$

という文を考えてみます。これは ***while*** 文の文構造 ***while*** $x_i \neq 0$ ***do*** s の、s の部分に $x_2\text{--}$ が入っている構造をしています。$x_2\text{--}$ は＜基本実行文＞なので＜文＞です。したがって ***while*** $x_2 \neq 0$ ***do*** $x_2\text{--}$ は＜***while*** 文＞です。この文の意味は、x_2 の値が 0 になるまで x_2 から 1 を引くことを表しています。すなわち x_2 を 0 にセットすることと同じ処理内容です。

複合文の例を見てみましょう。

$$\begin{aligned}&\textit{\textbf{begin}}\ \textit{\textbf{while}}\ x_2 \neq 0\ \textit{\textbf{do}}\ x_2\text{--};\\&\quad x_2\text{++}\ ;\ x_2\text{++}\ ;\ x_2\text{++}\\&\textit{\textbf{end}}\end{aligned}$$

上の文は複合文（$\boldsymbol{begin}\ s_1\ ;\ s_2\ ;\ \cdots\ ;\ s_m\ \boldsymbol{end}$）の構造になっているので＜文＞です。①の＜$\boldsymbol{while}$文＞が＜文＞であることと、$x_2$++が＜文＞であることより、これも＜文＞となります。これは x_2 の値を3にセットすることを表します。これを通常のプログラミング言語では

$$x_2 \leftarrow 3$$

といった表現になります。このような表現を一般に 代入文 と呼びますが、これについては後ほど説明します。

上で述べたものは $\boldsymbol{while}$ プログラムの "文法" です。すなわち、与えられた文字列が文法的に正しい文であるかどうかを規定する規則となっています。基本実行文をもとに、$\boldsymbol{while}$ 文と複合文とから構成される文だけが（文法的に正しい）文であり、それ以外は文ではありません。

一度にたくさんの定義がでてきたから整理しておきたい！
「$\boldsymbol{while}$文の文」と「$\boldsymbol{while}$プログラムの文」は違うの？

うむ、違うな。
$\boldsymbol{while}\ x_i \neq 0\ \boldsymbol{do}\ s$ のことを＜$\boldsymbol{while}$文＞といい、$\boldsymbol{while}$文と複合文と基本実行文の3つのことをさして $\boldsymbol{while}$プログラムの＜文＞と呼ぶのジャよ。つまり＜$\boldsymbol{while}$文＞は、＜複合文＞や＜基本実行文＞と同じで、これ全体でひとつの術語なので $\boldsymbol{while}$ と「文」を切り離すことはできないんジャ。

5-5 一般的なプログラムと *while* プログラムの違い（等価性）

5-2 で *while* プログラムは他の一般的なプログラムと同等の能力があるということを述べました。ここでは能力の等価性に注目しながら *while* プログラムと一般的なプログラムとを比較してみましょう。

while プログラムが「何をどのように計算するか」といった形式的な定義は **Chapter6** で行うことにします。ここでは、各プログラムには入力の個数 n が定められていて、x_1, x_2, $\cdots$, x_n は <mark>入力変数</mark> と呼ばれ、また x_0 は <mark>出力変数</mark> と呼ばれる、ということを覚えてください。*while* プログラムが使うことができる変数として許されるのは、x_0, x_1, x_2, x_3, $\cdots$ だけですが、一般のプログラムでは変数は、個数、単価、合計、$\cdots$ などの対象によって KOSU, TANKA, GOKEI, $\cdots$ といった具体的な名前を用いることができ、プログラムをわかりやすく表現できます。変数だけを取り上げてみても *while* プログラムには制約があるため、一見人間には理解しにくいプログラムです。しかし、ここでのポイントは、人間にとってのわかりやすさではありません。プログラムとしての能力を考えてみましょう。

ここで一般的なプログラムのように、変数として任意の名前が使えるものとします。ただし、いくつかの変数（n 個とする）が入力変数として、1個の変数が出力変数として指定されているものとします。

このように拡張されたプログラムにおいて、使用している n 個の入力変数を x_1, x_2, x_3, $\cdots$ と置き換え、1つの出力変数を x_0 とし、残りの変数を x_{n+1}, x_{n+2}, $\cdots$ に書き換えると、一般的なプログラムは *while* プログラムに置き換えることができます。変数の観点からみて、*while* プログラ

ムは一般的なプログラムよりも使える文字に制約こそありますが、**同等の能力であるといえるのです。**つまり使い勝手の違いはあれど、能力の差異ではないことがわかると思います。

ちょっとここでひとやすみ - 中位記法 -

　皆さんはこれまで、中学や高校で数式を書いてきたと思います。数式の復習をしておきましょう。本書で扱う関数とか数式はすべて自然数上のものに限定します。たとえば足し算　$5+4$　は、2つの数5と4にその和9を割り当てます。したがって、足し算　+　は自然数上の**2変数関数**です。2変数関数の中には足し算のように、その値を　$f(x,y)$　と書く代わりに　xfy　と書くものがあります。こういった書き方を"**中位記法**"といい、中位記法で表される関数名を（2項）**演算子**といいます。掛け算はプログラミング言語では記号　×　の代わりに　*　が使われるので、本書でもこの記号を使うことにします。また割り算は　$x \div y$　の代わりに　$x\,div\,y$　と書き、xをyで割った余りは　$x\,mod\,y$　と書きます。プログラミング言語ではこの中位記法が使われます。

掛け算　$x \times y$	▶	$x * y$
割り算　$x \div y$	▶	$x\,div\,y$
x を y で割った余り	▶	$x\,mod\,y$

ちょっとここでひとやすみ - 数式の文法 -

ここで「数式」の「文法」について述べましょう。皆さんは文法なんか知らなくても、数式をスラスラ書いていると思いますが、数式が正しく書かれているかチェックしたり、コンピュータ処理したりする場合は、数式の文法が必要です。数式は帰納法を使って次のように定義されます。

(1) 定数と変数は数式である。
(2) u と v が数式、θ が演算子なら $(u\ \theta\ v)$ は数式である。
(3) $u_1, u_2, \cdots, u_n$ が数式、f が n 変数関数記号なら
$f(u_1, u_2, \cdots, u_n)$ は数式である。

定数と変数の書式はすでに定義されているものとします。例を見てみましょう。y は変数で、5 は定数ですから、(1) より両者は数式です。したがって (2) より $(y + 5)$ は数式です。同様に $(z - x)$ も数式です。上で述べた **mod** は演算子ですから

$$((y + 5)\ \mathbf{mod}\ (z - x))$$

は数式となります。このようにして、数式は帰納的に定義されます。(1) が **基底**、(2) と (3) が **帰納ステップ** です。

5-6 代入文

一般的なプログラムでは、代入文というものが出てきます。

$$x \leftarrow 数式 \qquad\qquad (ただし\ x\ は変数)$$

この形の表現を**代入文**といいます。一般的なプログラムでよく出てくる表現のひとつです。これもそのままでは **while** プログラムの文法には当てはまりませんが、このあとの説明で一般の代入文も **while** プログラムで実現できることがわかります。

まず x を変数、c を自然数とするとき $x \leftarrow c$ の形の代入文が **while** プログラムで書き表せることを示します。

$$
\begin{aligned}
&\boldsymbol{begin} \\
&\quad \boldsymbol{while}\ x \neq 0\ \boldsymbol{do}\ x\text{--}; \\
&\quad x\text{++}\ ;\ x\text{++}\ ;\ \cdots\ ;\ x\text{++}\ ; \qquad (c\ 個) \\
&\boldsymbol{end}
\end{aligned}
$$

x++ を c 回繰り返すことで、x には最終的に c が代入されています。代入文 $x \leftarrow c$ は上の複合文の略記法だと考えます。すなわち、プログラムの中で $x \leftarrow c$ が現れたときは、実際は上の複合文が書かれていると見なすわけです。このような略記法を用いることで、通常プログラムで使われる代入文は **while** プログラムで書き表せることができるのです。すでに **5-4** でこの具体的な例「$x_2 \leftarrow 3$」が出てきています。

次に以下のような代入文を考えてみましょう。x と y を変数とするとき

$$
x \leftarrow y
$$

の形の代入文は次の文で実現できます。ここで *temp* はまだ使用されていない変数とします。

```
begin
    x ← 0 ; temp ← 0 ;                                    ①
    while y ≠ 0 do begin y-- ; x++ ; temp++ end;          ②
    while temp ≠ 0 do begin y++ ; temp-- end;             ③
end
```

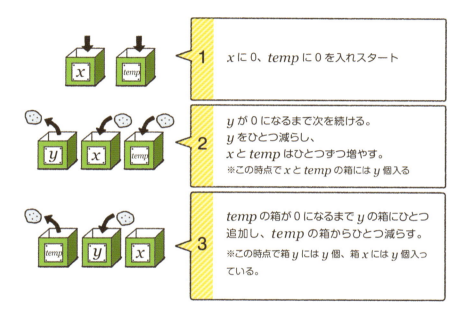

このように、一般的によく使われる代入文も、**while** プログラムの文法の規則内で書き表せることがわかりました。

一般的なプログラムではたった1文で書き表される代入文をなんでわざわざ**while**プログラムで書き換えているのかな？

一般的なプログラムは使い勝手がよいので、そう思うのも無理はないナ。
*while*プログラムは実際使おうとすると使える文字も少なく制約も多いが、一般的なプログラムと同等のプログラムがかけることをひとつずつ示しているのジャ。

5-7 手続き

プログラミング言語ではよく使用される処理は"手続き"として登録しておいて、何度でも呼び出して使われるような仕組みが用意されています。

while プログラムでは、手続きは次の形で定義してから使います。

> *procedure* 手続き式 : s

ここで s は文で、この手続きの**本体**といいます。簡単に説明すると、*while* プログラムでは手続きの定義は「プログラムの書き換え規則」で、"手続き式"が本体の s に書き換えられることを表しています。このとき変数の書き換えも自動的に行われます。

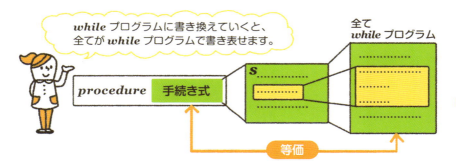

手続き式は次の形の表現のいずれかです。

(1) $z \leftarrow f(y_1, y_2, \cdots, y_n)$
(2) $z \leftarrow y_1 f y_2$
(3) $f(z_1, z_2, \cdots, z_k)$

ここで、$z, z_1, z_2, \cdots, z_k, y_1, y_2, \ldots, y_n$ は相異なる変数で、f は手続きの名前です。(1) は f が n 変数部分関数の場合で、(2) は f が演算子として用いられる場合です。(3) はそれ以外の場合で、例外的に用いられます。$y_1, y_2, \ldots, y_n$ をこの**手続きの入力変数**、$z, z_1, z_2, \cdots, z_k$ を**出力変数**といいます。入力変数以外のこの手続きの本体に現れる変数をこの手続きの**局所変数**と呼びます。入力変数は、この手続きの中で変化を受けないように手続きの最初に**局所変数**に代入するようにします。

例：次で定義される手続きを考えます。

procedure $z \leftarrow x + y$:　　　　　　　　　　　　　　　①
　begin $u_1 \leftarrow x$; $u_2 \leftarrow y$; $z \leftarrow u_1$;　　　　　②
　　while $u_2 \neq 0$ **do begin** u_2-- ; z++ **end**　　　　③
end

x と y はこの手続きの入力変数で、z は出力変数、u_1 と u_2 は局所変数です。②で、入力変数の値が局所変数に代入されています。これは、本体の実行によって入力変数が変化を受けないようにするためです。

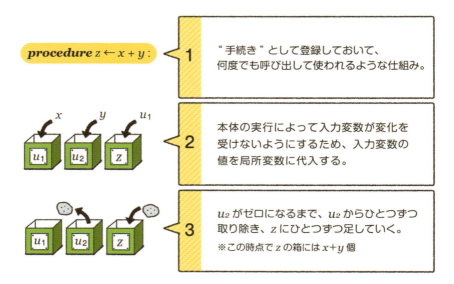

本書では次の手続きを使用します。これらの手続きの定義は読者の練習問題とします。**while** プログラムで実際に書き表してみましょう。

(a) $z \leftarrow x - y$　　　　(b) $z \leftarrow x * y$
(c) $z \leftarrow x \ \mathbf{div} \ y$　　　　(d) $z \leftarrow x \ \mathbf{mod} \ y$

ここで $x \ \mathbf{div} \ y$ は x を y で割った商を、$x \ \mathbf{mod} \ y$ は x を y で割った剰余（余り）を表します。また、演算はすべて自然数上の演算です。したがって、$x < y$ のときは $x - y$ の値は 0 と定めます。$y = 0$ のときの $x \ \mathbf{div} \ y$ と $x \ \mathbf{mod} \ y$ の値は未定義としておきます。

次のような一般の代入文の処理について考えます。

$$x \leftarrow (\text{数式}_1 \, \theta \, \text{数式}_2)$$

ここで、θ は演算子とします。この代入文は、そのプログラム内でまだ使われていない変数 $temp1$ と $temp2$ を使って

$$\boldsymbol{begin} \; temp1 \leftarrow \text{数式}_1 \, ; \, temp2 \leftarrow \text{数式}_2 \, ;$$
$$x \leftarrow temp1 \, \theta \, temp2$$
$$\boldsymbol{end}$$

という代入文に書き換えることができます。数式を局所変数にいれることで、数式を分解して行くのです。数式$_1$ あるいは数式$_2$ がさらに複雑な数式の場合はこの操作を繰り返します。すると、代入文は次の形のいずれかであると仮定してよいことになります。

(1) $z \leftarrow c$
(2) $z \leftarrow y$
(3) $z \leftarrow y_1 \, \theta \, y_2$
(4) $z \leftarrow f(y_1, y_2, ..., y_n)$

ここで、c は定数、θ は演算子、f は n 変数部分関数、$z, y_1, y_2, ..., y_n$ は変数です。

いま述べたことを例で確かめてみましょう。次の代入文を考えます。

$$x \leftarrow ((y + 5) \; \boldsymbol{mod} \; (z - x))$$

これは次のように展開できます。

$$\begin{aligned}
&\boldsymbol{begin}\ temp3 \leftarrow 5: \\
&\qquad temp1 \leftarrow y + temp3; \\
&\qquad temp2 \leftarrow z - x; \\
&\qquad x \leftarrow temp1\ \boldsymbol{mod}\ temp2\ ; \\
&\boldsymbol{end}
\end{aligned}$$

$temp1$ と $temp2$ は (局所) 変数、$\boldsymbol{mod}$ は演算子なので

$$x \leftarrow temp1\ \boldsymbol{mod}\ temp2 \qquad \text{は} \quad (3)\ z \leftarrow y_1\,\theta\,y_2$$

の形になっています。

5-8 まとめ

　問題を解決する手段には2つの方法に分けられます。ひとつはデータ処理を行うことで、この処理は数式で表されます。この章では **while** プログラムで数式を計算しデータ処理を行いました。もうひとつは状況の判断をすることで、論理式というもので条件を組み立てます。次章では **while** プログラムで論理式を扱えるように広げていきます。

Chapter 6 論理とプログラム

ここでは"真"と"偽"という2つの抽象的な値を考えます。"真"と"偽"を値として取り扱う式を論理式といいます。プログラムで論理式が扱えるようになると、さらにコンピュータで扱える計算の幅は広がります。論理式は *while* プログラムでどのように表現できるでしょうか。

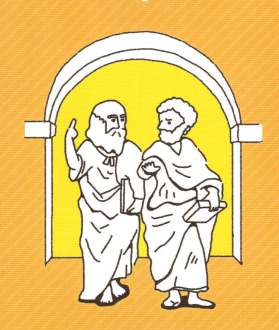

6-1 機械と関数の等価性

Chapter1 で「機械とは質問を与えたら何かを答えるもの」と述べました。機械の能力を比較するとき、質問とその答えに注目します。2つの機械に何を質問しても、いつも同じ答えをするとき、2つの機械は"同じ能力"を持つと見なすことにします。したがって、計算時間とか、計算にかかる費用などは"等価性"とは関係がありません。

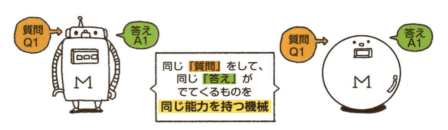

M を機械とします。機械 M に x という質問をすると y と答えたとします。このとき、「機械 M は入力 x のもとで y を出力する」といいます。ここで「入力と出力の関係だけに注目して、機械の構造は無視する」ことにします。何でできているとか、どのようにして動くかがわからない箱を"ブラックボックス"といいます。機械をブラックボックスと見たものが関数です。集合を使った説明も補足的にしておきます。A と B を集合とします。A の元を入力すると B の元を出力する機械を M とします。この M をブラックボックス化したものを f とします。このような f を A から B への関数といいます。f は抽象的な概念ですから、何でできていようが関係ありません。機械である必要もありません。同様に A も B もただの集合で、"質問"とは何か、"答え"とは何かに悩む必要はありません。すなわち、f は A の元が与えられたら、B の元を返すようなものであればなん

でもかまいません。

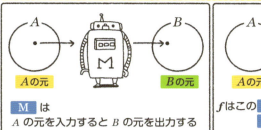
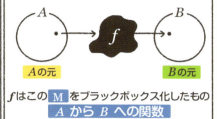

機械 **M** と関数 f がいま述べたような関係にある時、「機械 **M** は関数 f を計算する」といいます。

2つの機械の能力の比較に戻りましょう。

定義　等価の定義　　　　　　　　　　　　　　　　　　　Def-003

機械 M1 と M2 が等価であるとは、
M1 と M2 が同じ関数を計算すること

6-2 無口な機械

計算理論で扱う機械は、入力によっては止まらないことがあります。したがって、これまでで述べたことを、少し修正しなくてはなりません。f を、**M** をブラックボックス化したものとします。A の元 x に対し、**M** が y を出力するのなら $f(x) = y$ です。しかし、**M** は A のある元 x に対し停止しないかもしれません。このとき $f(x)$ は定義されません。$f(x)$ の値が定義されないとき「$f(x)$ は未定義である」といいます。このような f を「A から B への**部分関数**」といいます。f と **M** がいま述べた関係にあ

るとき、f を「**M が計算する部分関数**」あるいは「**M が実現する部分関数**」といいます。A の任意の元 x に対して $f(x)$ が定義されているとき、f を**関数**といいます。したがって、関数は特殊な部分関数のことです。一般に機械が実現するのは関数ではなくて部分関数なのです。

前に博士は「機械とは、質問が与えられたとき答えを出すものだ」と言いました。だったら、何も答えないのも答えですか。

機械は何も答えないこともある。日本語の未定義の文字通りの意味は「まだ定義されていない」で、「そのうちに答えるかもしれない」と思わせぶりの表現だが、英語の undefined はきっぱり「定義されない」という意味、すなわち「答えはなし」ジャ。「答えはなし」という"答え"を出すのも、機械ということになるんジャ。

6-3 *while* プログラムと部分関数

while プログラムの文 P に入力の個数 n を指定したものを **while プログラムのプログラム**といいます。形式的には、*while* プログラムのプログラムとは、任意の *while* プログラムの文 P と自然数 n との組 (P, n) のこととなります。以下では、*while* プログラムのプログラムのことを単に **while プログラム**といいます。また、入力の個数 n が前もってわかっているときは、*while* プログラムの文 P のことを n 入力の *while* プログラム、あるいは単に *while* プログラムと呼ぶことにします。長々と定義が

続きましたが、これは「**while** プログラムが何を計算するか」をしっかりと定義しておきたかったからです。P に n 個の自然数 $a_1, a_2, \cdots, a_n$ が与えられると、P は変数 $x_1, x_2, \cdots, x_n$ の値を $a_1, a_2, \cdots, a_n$ にセットし、その他の変数の値を 0 にセットし計算を開始します。P が停止したとき、変数 x_0 の内容を==入力 $a_1, a_2, \cdots, a_n$ に対する P の出力==であるといいます。入力によっては P は停止しないこともあります。停止しないなら出力は==未定義==であるといいます。つまり、**while** プログラムは部分関数を計算するということです。

P は次で定義される部分関数 f を==計算==します。

$$f(a_1, a_2, ..., a_n) = \begin{cases} b & \text{入力 } a_1, a_2, ..., a_n \text{ に対する } P \text{ の出力が } b \text{ のとき} \\ \text{未定義} & \text{入力 } a_1, a_2, ..., a_n \text{ に対して } P \text{ が停止しないとき} \end{cases}$$

上では n 個の入力を持つ **while** プログラム P が部分関数 f を計算することを述べました。このような f を ==**n 変数部分関数**== といいます。**while** プログラムは自然数しか扱いませんが、この概念を一般の集合に拡張しておきます。A と B を集合とします。A の n 個の元 $a_1, a_2, \cdots, a_n$ が与えられたとき、B の元 b が割り当てられるか、または何も割り当てられないとき、この割り当てる規則または表現 f のことを A から B への ==**n 変数部分関数**== といいます。

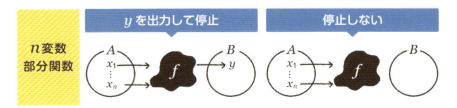

x に 0 を代入してみましょう。 x の値が 0（偽）の場合は z の値は $1-0$ で 1（真）となります。x に 1（真）を代入してみましょう。$x \geqq 1$ の場合は z の値は 0 となります。したがって x が偽の場合は真が出力され、逆に x が真の場合は偽が出力されます。

$\vee$
または

(x または y) を計算する手続き
x と y が両方偽の場合、どちらかが偽の場合、どちらも真の場合と場合をわけて考えてみましょう。

procedure $z \leftarrow x \vee y$:

begin $z \leftarrow 1 - (1 - (x+y))$ **end**

x と y の値が共に 0（偽）の場合、$1 - (1 - (x + y))$ は 0 となります。よって $x \vee y$ の値は 0。z に 0（偽）が入ります。x と y どちらかが 1 以上の場合、$1 - (x + y)$ の値は 0 となります。よって $1 - (1 - (x + y))$ の値は 1 になります。

$\wedge$
かつ

(x かつ y) を計算する手続き
x と y が両方偽の場合、どちらかが偽の場合、どちらも真の場合と、場合をわけて考えてみましょう。

procedure $z \leftarrow x \wedge y$:

begin $z \leftarrow \sim (\sim x \vee \sim y)$ **end**

「(x でない または y でない) でない」は「x でかつ y」となります。x の値が 0（偽）の場合は $\sim x$ の値は 1（真）、$x \geqq 1$ の場合は $\sim x$ の値は 0 と

すから、論理演算子はそれらの文章を結ぶ接続詞です。いくつかの命題を接続詞"かつ"、"または"、"ならば"、… を使ってつなぐと、より複雑な命題が構成できます。まず、このような接続詞の構造だけを考えることにしましょう。

たとえば次の命題を考えてみます。

　太郎は今日教室に行くか、または部室に行く。
もし教室に行ったら花子に会う。花子に会ったら部室に行く。

ＡとＢとＣを次の3つの命題を表すものとします。

A: 太郎は今日教室に行く。
B: 太郎は今日部室に行く。
C: 太郎は花子に会う。

すると、上の命題は次のように表すことができます。

$(A \lor B) \land (A \to C) \land (C \to B)$

ここで論理演算子 ∨（または）や →（ならば）は私たちが普段使っている意味と異なることがあるので少し注意が必要です。"100点を取ったら自転車を買ってあげる"といった命題を考えてみましょう。100点を取ったとき自転車を買ったらこの命題は真であり、100点を取ったのに自転車を買わなかったら偽です。これらの場合は日常会話と同じです。100点を取らなかった場合は、数学では買っても買わなくてもこの命題は真となります。

"100点を取らなかったのに自転車を買う"これも真と見なすところが数学の命題の独特な部分です。前提Aが満たされていない場合は、その先については特に言及していないので、どちらであっても"真"となるという解釈です。これは帰納法の証明などでよく現れるので覚えておいてください。

"AまたはBである"という表現は、日常生活では排他的論理和の意味で用いられることがあります。たとえば"Aが犯人か、またはBが犯人である"といった場合、AかBのどちらか一方が犯人であるという意味を示すことが多いのですが、数学では、AとBが両方とも犯人である場合も含めます。

上で述べた論理式 $(A \lor B) \land (A \rightarrow C) \land (C \rightarrow B)$ の値は次のときだけ偽 (0) で、その他のときは真 (1) となります。

> 太郎は教室にも部室にも行かない (A=0,B=0),
> 太郎は教室に行くが花子に会わない (A=1,C=0),
> 太郎は花子に会うが部室に行かない (B=0,C=1)

ちょっとここでひとやすみ -ブール代数-

ブールという19世紀の数学者が、私たちの"思考"を形式化して、真か偽を表す数学的な文章を数式で表すことを考えたのです。それ以来、∨（または）、∧（かつ）、～（否定）を使った算数をブール代数というようになりました。

| ブール代数で使われる記号 | ∨（または）　∧（かつ）　～（否定） |

論理演算子 $\lor$ は $+$ で、$\land$ は・（または省略）で、x の否定 $\sim x$ は $\bar{x}$ で表すことがあります。また、演算子の適用順序に優先順位を付け、かっこを省略することもよく行われます。優先順位は、$\sim$ が最初、次に $\land$、最後が $\lor$ の順に適用されます。もちろん、かっこがあればかっこの中を先に実行されます。たとえば、$((\sim x) \land y) \lor z$ はかっこを省略して $\sim x \land y \lor z$ と書くこともできますし、$\bar{x} \cdot y + z$ と表すこともあります。

その他の例も見てみましょう。

$$(x > y) \land (\sim prime(x) \lor x = 3)$$

は次のような文章と考えられます。

x は y よりも大きくかつ（x は素数でないかまたは x は 3 である）

$\land$ と $\lor$ は **2項演算子**ですが、$\sim$（否定）は **単項演算子**です。$prime(x)$ は「x は素数か」ということを意味し、それの否定なので、「x は素数でないか」と翻訳できます。論理演算子 $\lor$（または）、$\land$（かつ）、$\sim$（否定）も、論理式と論理式をつなぐ接続詞なのですが、本書では $+$（足す）とか $-$（引く）といった演算子と同じ算術演算子と見なします。

> **$\sim$**
> 否定
>
> **x の否定を計算する手続き**
> x が 0（偽）の場合に z が 1（真）、x が 1（真）の場合に z が 0（偽）となるようなプログラム

procedure $z \leftarrow \sim x:$

　begin $z \leftarrow 1 - x$ **end**

x に 0 を代入してみましょう。 x の値が 0(偽) の場合は z の値は 1 − 0 で 1(真) となります。x に 1(真) を代入してみましょう。$x \geq 1$ の場合は z の値は 0 となります。したがって x が偽の場合は真が出力され、逆に x が真の場合は偽が出力されます。

<table>
<tr><td>∨
または</td><td>**(x または y)を計算する手続き**
x と y が両方偽の場合、どちらかが偽の場合、
どちらも真の場合と場合をわけて考えてみましょう。</td></tr>
</table>

procedure $z \leftarrow x \vee y$:

begin $z \leftarrow 1 - (1 - (x+y))$ *end*

x と y の値が共に 0(偽) の場合、$1 - (1 - (x + y))$ は 0 となります。よって $x \vee y$ の値は 0。z に 0(偽) が入ります。x と y どちらかが 1 以上の場合、$1 - (x + y)$ の値は 0 となります。よって $1 - (1 - (x + y))$ の値は 1 になります。

<table>
<tr><td>∧
かつ</td><td>**(x かつ y)を計算する手続き**
x と y が両方偽の場合、どちらかが偽の場合、どちらも真
の場合と、場合をわけて考えてみましょう。</td></tr>
</table>

procedure $z \leftarrow x \wedge y$:

begin $z \leftarrow \sim (\sim x \vee \sim y)$ *end*

「(x でない または y でない) でない」は「x でかつ y」となります。x の値が 0(偽) の場合は $\sim x$ の値は 1(真)、$x \geq 1$ の場合は $\sim x$ の値は 0 と

なります。 x と y の値が共に 0 の場合、$x \vee y$ の値は 0、それ以外の場合は 1 となります。$x \wedge y$ は今定義した $\sim$ と $\vee$ を使って定義しています。

　演算子で、真理値を値とするものを<mark>関係演算子</mark>といいます。本書では、関係演算子は通常の自然数上の演算子として扱います。関係演算子には $\geqq , > , < , \leqq , = , \neq$ などがあります。

procedure $z \leftarrow x \geqq y :$ 　　*begin* $z \leftarrow 1 - (y - x)$ *end*

procedure $z \leftarrow x = y :$ 　　*begin* $z \leftarrow (x \geqq y) \wedge (y \geqq x)$ *end*

procedure $z \leftarrow x \neq y :$ 　　*begin* $z \leftarrow \sim (x = y)$ *end*

procedure $z \leftarrow x > y :$ 　　*begin* $z \leftarrow (x \geqq y) \wedge (y \neq x)$ *end*

procedure $z \leftarrow x < y :$ 　　*begin* $z \leftarrow y > x$ *end*

　このように論理式も *while* プログラムで書き表せます。本書では、文法的には論理式は通常の数式なのですが、論理式という用語を使ったほうがわかりやすいと思われる場合はこれを使うことにします。

　while 文を次のように拡張します。e を論理式、s を文とするとき、次を *while* 文として許します。

$$\textit{while } e \textit{ do } s$$

これは変数 *temp* を導入して、次のように展開されます。

```
begin
    temp ← e;
    while temp ≠ 0 do begin s ; temp ← e end
end
```

本来の **while** プログラムでは、たとえば

$$while \ y > 0 \ do \ s$$

という形のものは許されません。条件で許されているのは、$x_i \neq 0$ の形の
ものだけです。したがって、上の **while** プログラムは次のように書き換え
られます。

```
begin
    temp ← (y > 0);
    while temp ≠ 0 do begin s ; temp ← (y > 0) end
end
```

　普通数学では、$y > 0$ は $yes($ 真 $)$ か $no($ 偽 $)$ を表す式ですが、本書では
1 か 0 の値を取る算術式として扱います。したがって、代入文 $temp \leftarrow$
$(y > 0)$ は、y が 1 以上の場合 $temp$ に 1 が代入され、$y = 0$ のときは
$temp$ に 0 が代入されます。

6-5 *if* 文と *while* プログラム

　プログラミング言語には、状況に応じどのような順に処理をしていくか
を表す構文がいくつか用意されています。このような構文を<mark>制御構造</mark>とい

います。代表的なものが ***if*** 文です。ここでは次の 2 つの ***if*** 文を用意しました。

(1) ***if-then-else*** 文	***if*** e ***then*** s_1 ***else*** s_2
(2) ***if-then*** 文	***if*** e ***then*** s

ここで e は論理式、s, s_1, s_2 は文です。(1) は e が真なら s_1 を、偽なら s_2 を実行します。(2) は e が真のときだけ s を実行します。

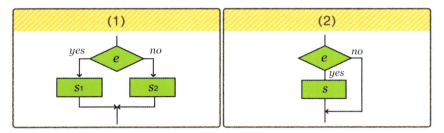

(1) の ***if-then-else*** 文は次のように展開されます。

```
begin temp1←e ; temp2←1;
   while temp1≠0 do
      begin s1; temp1←0; temp2←0
      end;
   while temp2≠0 do
      begin s2 ; temp2←0
      end ;
end
```

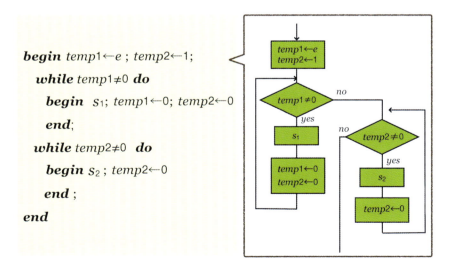

(2) の **if-then** 文の展開は読者の練習問題とします。

一般的なプログラムではこれ以外にも便利な制御構造が用意されていますが、どの制御構造も **while** プログラムで書き表すことができます。

6-6 **while**プログラムの能力

while プログラムはこの世の中で最も単純なプログラミング言語です。一般的なプログラムは **while** プログラムに落とし込めます。これはどんなプログラムも **while** プログラムで "記述できる" ということはもちろん、一般的なプログラムの能力と **while** プログラムの能力が同等だということを示していることに他なりません。通常のプログラミング言語だけでなく、論理式などもすべて **while** プログラムで書き表せます。つまり **while** プログラムの能力を知ることは、現存するプログラムの能力とその能力の限界を知ることになるのです。本書のひとつの目標である「究極の機械を作ることができるか」を考える際、この単純化された **while** プログラムの能力の限界を知ることができれば、その謎も解けるということも少しずつわかってきたかと思います。

Chapter 7 配列とデータ型

現在のコンピュータは、画像や音声ファイルなどさまざまなものを扱います。画像や音声ファイルなど非数値の対象は数値として変換されて使われています。この章ではコンピュータが扱う対象について述べていきます。

7-1 数の表現方法

次に数の表現方法について見ていきましょう。自然数は 10 個の文字 0, 1, 2, 3, 4, 5, 6, 7, 8, 9 を使って表します。ここでは、文字列とその文字列が表す自然数とを厳密に区別して議論します。暗証番号や電話番号の場合は、それは単なるラベルであって、大きさや順序などの自然数としての意味は持ちません。一方、人数とか西暦の場合は自然数として解釈します。たとえば「2019 年の次の年」とか、「2019 人とは多いな」などといったように、大きさや順序の意味を含みます。

普段私達が自然数として使用している数字の数は 0 から 9 までの 10 個ですが、ゼロ以外なら何個でもかまいません。d 個の数字を使った文字列を **d 進表現**、その d 進表現が表す自然数を **d 進数**といいます。繰り返すと、d 進表現は文字列のことで、d 進数はその文字列が表す自然数を意味します。私たちは日常自然数を表すときには十進数を使いますから、文字 0, 1, …, 9 の文字列の場合でも、特に断らなければ、**十進数**(すなわち自然数)を表すものとします。文字列の場合は下線を引いて、文字列であることを示します。たとえば 2019 は自然数を、2019 は文字列を表します。十進数以外の d 進表現の場合は、$[x]_d$ で d 進表現を表します。

7-2 単進表現とd進表現

使用するする文字が1個の場合（すなわち$d=1$の場合）を**単進表現**といいます。通常文字は1を使用します。自然数nを表すには、1をn個並べて

$$1\ 1\cdots 1$$

で表します。この表現は"計算の理論"でもよく用います。最も原始的な方法なので、以下の議論では自然数は単進表現で表されていると考えるとわかりやすいかもしれません。昔、羊飼いが羊を数えるのに"小枝"を使ったと思ってください。文字1は1本の小枝を表します。したがって羊の数が5匹なら、小枝を5本並べ

$$1\ 1\ 1\ 1\ 1$$

で表します。

単進数の欠点は、大きい数が表しづらいことです。たとえば1億などはとても表せません。

以下でdは（1より大きければ）なんでもかまいませんが、$d=3$として説明します。3を一般のdで置き換えればd進数の説明になります。小枝以外に小石も使うことにします。小石1個は小枝3本を表すとします。小枝を3本ずつ小石に両替すると、小枝は1本か2本ですみますが、今度は小石がたくさん必要です。次は木の実を使うことにします。木の実1個は

小枝何本分としたらよいでしょうか。5本分とすると、木の実1個は小石だけでは両替できません。小石だけでおつりが必要ないようにするには、木の実1個は小枝の3の倍数分にする必要があります。木の実1個は小枝の12個分とすると、小石4個で木の実1個と両替することになります。小枝の場合は3個で両替、小石の場合は4個で両替では覚えにくいし計算もめんどうです。いつも3個で上のものと両替できるとした方が規則性があります。したがって、木の実1個は小石3個分、すなわち小枝9個分とするのがよいことがわかります。次は貝を使うことにします。貝1個は木の実3個分、つまり小枝27個分ということになります。

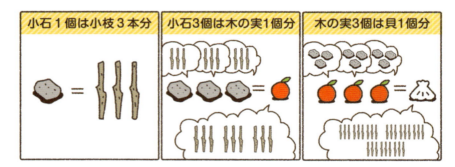

たとえば34という数は、

で表せます。この方法だと、小枝、小石、木の実はそれぞれ2個あれば十分ですが、大きな数を表すには貝がたくさん必要です。この方法で大きな数を表すには、小枝、小石、木の実、…など、単位を表すものを際限なく導入する必要があります。そこで、これらを入れる箱を多数用意し、1列に

並べることにします。一番右側の箱は小枝専用、その左の箱は小石専用、その左は木の実、その左は貝、…とします。このように決めると、実際に箱の中に入れるものはなんでもよくなります。実際に入れるのは小石だとしても、小枝の箱に入れられたものは小枝だと思えばいいのです。

我々の使っているそろばんも、同じような方法で数を表現します。十進数のような数の表現方法はあまり古くはないようですが、そろばんとか、ここで述べた箱を使った数の表し方は、計算をする道具として古くから用いられていました。小さい数を表す文字、すなわち数字、は昔からあります。これを使うと、34 は

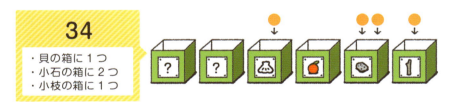

と表せます。この表現には木の実が表れていません。箱を使った表現では、木の実の箱に何も入っていないことでこれを表しています。人類が十進数を思いつくには、何もないことを表す数字、すなわち 0 が必要だったのです。これが "**有名なゼロの発見**" です。3進表現で 34 を表すと

$$\underline{1}\ \underline{0}\ \underline{2}\ \underline{1}$$

となります。これは、貝が1個、木の実が0個、小石が1個、小枝が1個を表しています。

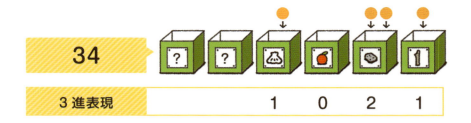

3進表現

d を n 個掛けたものを d^n と表すことにします。また $d^0 = 1$ と定めます。いちばん右端の箱を 0 番目とし、左に向かって順に 1 番目、2 番目、…と番号を振ります。すると n 番目の箱は d^n 個の小枝を表すことになります。上の例では、貝は 3 番目の箱になりますから、貝1個は $3^3 = 27$ 個の小枝に相当します。3進表現 1021 の表す自然数は次のようになります。

$$[1021]_3 = 1 \times 3^3 + 0 \times 3^2 + 2 \times 3^1 + 1 \times 3^0$$
$$= 1 \times 27 + 0 \times 9 + 2 \times 3 + 1 \times 1 = 34$$

次に、自然数を d 進表現に変換する方法について述べましょう。前と同様 3 進表現 ($d = 3$) で説明します。また、自然数は単進表現で与えられているとします。たとえば、19 個の小枝が与えられたとします。小枝を 3 個ずつ小石に両替すると、小石が 6 個で、1 個の小枝が残ります。これを式で表すと、

$$19 \div 3 = 6 \text{ 余り } 1$$

となります。今度は、小石を木の実に両替します。

$$6 \div 3 = 2 \text{ 余り } 0$$

となり、木の実は2個、小石は0個となります。したがって、3進表現は201となります。

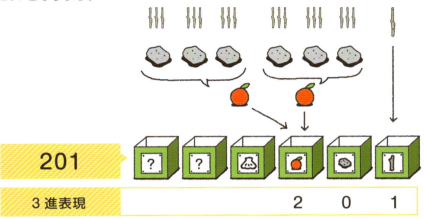

d進表現についてまとめましょう。d進表現で使用する文字の集合をΔ（デルタ）とします。Δの元を**数字**と呼びます。Δはd個の数字からなり、それらの数字はそれぞれ自然数 0, 1, 2, …, d-1 を表します。数字aの表す自然数を 'a' で表すことにします。Δ上の文字列

$$a_n \cdots a_2 a_1 a_0$$

はd進数として、次で定義される自然数を表します。

$$[a_n \cdots a_2 a_1 a_0]_d = {'a_n'} \times d^n + \cdots + {'a_2'} \times d^2 + {'a_1'} \times d^1 + {'a_0'} \times d^0$$

dが10以下の場合は文字は 0,1,…,9 が使えますが、11以上の場合は文字が足りません。たとえば、16進表現の場合は、通常は次の16個の文字を使います。

$$0,1,2,3,4,5,6,7,8,9,A,B,C,D,E,F$$

しかし、文字はなんでもよいのです。日本語では、一、二、三、…を用いますし、古代バビロニアでは"くさび形文字"を用いた 60 進法を使っていました。また、d 進数の d を十分大きくとれば、文字の数はいくら多くてもかまいません。

7-3 文字列の扱い

さて、Σ（シグマ）を任意の文字の集合としましょう。文字の集合のことをアルファベットといいます。

アルファベットって
英語のアルファベット { a,b,c,…,A,B,C,…,Z }
のこと？

この分野ではアルファベット Σ は一般に任意の文字の集合のことを指すんジャ。例えば、{い,ろ,は,…,ん} や {0,1} なども、アルファベットジャ。

各文字に固有の自然数を割り当てることを考えます。文字 a に割り当てた自然数を文字 a の**コード**と呼び、a のコードを $`a'$ で表すことにします。ここで、"固有の" といったのは、異なる文字には異なるコードを割り当てるという意味です。また、文字コードとして 0 は許さないことにします。

d をすべての文字コードより大きい自然数とします。以下では、d と各文字のコードを固定して考えます。このようにすると Σ 上の文字列 x は d 進表現と見ることができます。この場合、x の d 進表現を $[x]_d$ と表す代わり

に "x" と表すことにします。この "x" を文字列 x の<mark>コード</mark>と呼びます。

例 $\Sigma = \{$ い , ろ , は , に , ほ $\}$ とし、$d = 100$ とします。各文字に次のように
コードを割り当てます。

> 'い' $= 5$, 'ろ' $= 23$, 'は' $= 53$, 'に' $= 71$, 'ほ' $= 85$

　すると、Σ 上の任意の文字列 x は、自然数 "x" として解釈できます。
たとえば、

$$
\begin{aligned}
\text{"いろいろに"} &= [\text{いろいろに}]_{100} \\
&= \text{'い'} \times d^4 + \text{'ろ'} \times d^3 + \text{'い'} \times d^2 + \text{'ろ'} \times d^1 + \text{'に'} \times d^0 \\
&= 05 \times 10^8 + 23 \times 10^8 + 05 \times 10^8 + 23 \times 10^8 + 71 \times 10^8 \\
&= 523052371
\end{aligned}
$$

　逆に任意の十進数は 2 桁ごとに区切ると 100 進数と見なせるので、元
の文字列に戻せます。たとえば、8523 は $85 \times 100 + 23 =$ 'ほ' $\times d +$
'ろ' $=$ " ほろ " となります。もちろん文字列に直せない自然数はたくさん
あります。文字列が自然数として解釈できればよいのであって、すべての
自然数が文字列を表さなくてもいいのです。文字コードとして 0 を許さな
かったのは、もし 'a' $= 0$ とすると、文字 a が先頭に来た場合この a が識
別できないからです。この例では、Σ はたったの 5 文字しか含みませんで
したが、Σ は d-1 個までの文字を含むことができます。また d は 10 のべ
き乗の形でなくてもどんな数でも構いません。

7-4 対と有限列

ここではコンピュータが扱う対象について考えていきましょう。ここまでコンピュータが扱う対象を自然数としてきましたが、さらに"対"や"有限列"という考え方を導入することによって対象の幅が広がります。コンピュータ・サイエンスの基礎理論において、"対"や"有限列"という概念は、最も基本的で重要な働きをします。たとえば、関数とかグラフとか順序などといった基本的な概念は、この"**対**"とか"**有限列**"という概念を使って定義されます。

まずは基本的な有限列の表記方法について見てみましょう。

$$n \text{ 個の対象を並べたもの} \qquad x_1, x_2, \cdots, x_n$$

を**長さ n の列**とか、**サイズ n の配列**とか、**n 次元ベクトル**などといいます。

基礎的な概念なので呼び名はいろいろありますが、ここではプログラミング言語で用いられる**配列**という用語を使います。またここで扱うのは自然数の配列だけです。配列の表し方もいろいろありますが、ここでは配列は括弧"("と")"コンマ","を使って

$$(x_1, x_2, \cdots, x_n)$$

と表すことにします。$x_1, x_2, \cdots, x_n$ の各々を配列の**要素**といいます。最近

紙面版 電脳会議 DENNOUKAIGI 一切無料

今が旬の情報を満載してお送りします！

『電脳会議』は、年6回の不定期刊行情報誌です。A4判・16頁オールカラーで、弊社発行の新刊・近刊書籍・雑誌を紹介しています。この『電脳会議』の特徴は、単なる本の紹介だけでなく、著者と編集者が協力し、その本の重点や狙いをわかりやすく説明していることです。現在200号に迫っている、出版界で評判の情報誌です。

毎号、厳選ブックガイドもついてくる‼

『電脳会議』とは別に、1テーマごとにセレクトした優良図書を紹介するブックカタログ（A4判・4頁オールカラー）が2点同封されます。

電子書籍を読んでみよう!

| 技術評論社　GDP | 検　索 |

と検索するか、以下のURLを入力してください。

https://gihyo.jp/dp

1 アカウントを登録後、ログインします。
【外部サービス(Google、Facebook、Yahoo!JAPAN)でもログイン可能】

2 ラインナップは入門書から専門書、趣味書まで1,000点以上!

3 購入したい書籍を 🛒 に入れます。
カート

4 お支払いは「**PayPal**」「**YAHOO!** ウォレット」にて決済します。

5 さあ、電子書籍の読書スタートです!

●**ご利用上のご注意**　当サイトで販売されている電子書籍のご利用にあたっては、以下の点にご留意
■**インターネット接続環境**　電子書籍のダウンロードについては、ブロードバンド環境を推奨いたします。
■**閲覧環境**　PDF版については、Adobe ReaderなどのPDFリーダーソフト、EPUB版については、EPUB
■**電子書籍の複製**　当サイトで販売されている電子書籍は、購入した個人のご利用を目的としてのみ、閲覧、
ご覧いただく人数分をご購入いただきます。
■**改ざん・複製・共有の禁止**　電子書籍の著作権はコンテンツの著作権者にありますので、許可を得ない

のプログラミング言語では x_1 を0番目、x_2 を1番目と順番をつけるものが多いので本書もこれに従います。混乱が生じないように、配列の要素の名前を付け替えます。

$$X = (x_0, x_1, \cdots, x_{n-1})$$

をサイズ n の配列とします。x_i を配列 X の**第 i 要素**といいます。X の第 i 要素を $X[i]$ で表します。たとえば次の配列 Y を考えます。

$$Y = (24, 3, 56)$$

要素が3つあるので Y はサイズ3の配列で、0番目の要素は $Y[0] = 24$, 1番目の要素は $Y[1] = 3$, 2番目の要素は $Y[2] = 56$ となります。配列にはこのように"サイズ"というものが決められています。現実のコンピュータでは記憶容量が有限ですから、配列にはサイズが定められているのが普通です。しかし、理論を展開する場合、サイズという制約はないほうが便利です。X をサイズ n の配列とします。もし i が X のサイズ以上なら $X[i] = 0$ と定めます。すなわち、X の最後の要素のあとには無限個の 0 が続くとします。

サイズが決められた配列
$Y = (24, 3, 56)$

最後の要素の後には0が無限個続く配列
$Y = (24, 3, 56, 0, 0, 0, 0, 0, 0, \cdots)$

7-5 ゲーデル数

次にこの配列を自然数で表す方法を見てみましょう。配列を自然数で表す方法として最も有名なのはゲーデル数です。

Chapter3 で自然数の定義を説明しましたが、今度は自然数をさらに分類してみましょう。0と1以外のすべての自然数は**合成数**と**素数**の2つに分類できます。

自然数は "素数" か "合成数" に分類できます。

$y \times z$ という形に分解できる

は除外します

自然数は素数の積として表すことができます。自然数を建物に例えると、素数は自然数という建物をたてるための一番基本となるブロックです。合成数と素数を形式的に定義してみましょう。

x, y, z を自然数とします。$x = y \times z$ と表せるとき、y は x の**因数(約数)**といいます。自然数 x は、1と x 以外の**約数**を持つとき合成数といい、2以上の自然数で合成数でないものを**素数**といいます。x が合成数の場合、x は0と1以外の自然数 $y_1, y_2, \cdots, y_n$ の積として

$$x = y_1 \times y_2 \times \cdots \times y_n$$

と分解されます。さらにある y_i が合成数なら、y_i を分解します。これを続けると $y_1, y_2, \cdots, y_n$ はすべて素数にすることができます。このような分解を**素因数分解**といいます。

一番小さい素数は 2 です。次の素数は 3 です。2 を 0 番目の素数、3 を 1 番目の素数、…と順番をつけ、i 番目の素数を p_i で表すことにします。

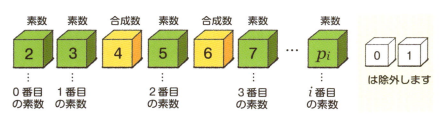

自然数 20 を因数分解してみましょう。そして素数 p_i の積で表すとこのようになります。

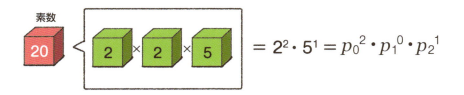

$$20 = 2 \times 2 \times 5 = 2^2 \cdot 5^1$$

となります。ここで先程の i 番目の素数 p_i を使って表してみると次のようになります。

$$20 = 2 \cdot 2 \cdot 5 = 2^2 \cdot 3^0 \cdot 5^1 = p_0{}^2 \cdot p_1{}^0 \cdot p_2{}^1$$

このとき、**指数に現れる自然数の列を自然数 20 が表す配列**と呼びます。具体的には (2, 0, 1) です。このようにすべての自然数は因数分解をすると

素数 p_i を使って書き表すことができます。そのとき指数に現れる自然数の列が、その自然数の表す配列です。

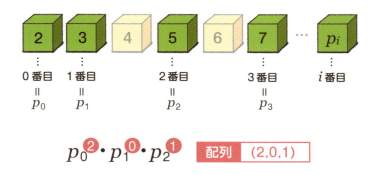

つまり自然数 20 はもう1つの表現として、配列 (2, 0, 1) を表すと考えることができるのです。繰り返すと、任意の自然数 x （$x>1$）は

$$x = p_0{}^{y_0} p_1{}^{y_1} p_2{}^{y_2} \cdots p_n{}^{y_n} \qquad y_n \neq 0$$

と一意的に分解されます。このとき指数に現れる自然数の列 $(y_0, y_1, \cdots, y_n)$ を**自然数 x が表す配列**といいます。

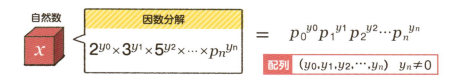

逆に $Y = (y_0, y_1, y_2, \cdots, y_n)$ を任意の配列とします。この配列 Y に次で定義される自然数 $g(Y)$ を割り当てます。

$$g(Y) = p_0{}^{y_0} p_1{}^{y_1} p_2{}^{y_2} \quad \cdots p_n{}^{y_n}$$

$g(Y)$ を配列 Y の**ゲーデル数**といいます。

以下では、配列のゲーデル数のことを配列の**コード**と呼びます。また、配列 $(y_0, y_1, \cdots, y_n)$ のコードを $<y_0, y_1, \cdots, y_n>$ で表すことにします。したがって、たとえば配列 (0, 1, 2) のコード $<0, 1, 2>$ は

$$<0,1,2> = 2^0 3^1 5^2 = 75$$

となります。自然数は配列として解釈できます。また逆に配列が与えられたらそのコード (ゲーデル数) を計算することもできます。配列を自由に使いこなすために配列を操作する方法を見ていきましょう。

配列のコードとゲーデル数はイコールなのかな？

よく理解できているゾ！大正解ジャ！

配列を操作するには、次の 2 つの手続きがあれば十分です。

$$(a) \quad x \leftarrow X[i] \qquad (b) \quad X[i] \leftarrow x$$

ここで (a) は配列 X から第 i 要素を取り出す手続きで、(b) は配列 X の第 i 要素に x をセットする手続きです。この 2 つの手続きを構成するために次の 5 つの手続きを使います。

1. X の第 i 要素に 1 を加える。　　$X \leftarrow X * p_i$
2. X の第 i 要素が 0 かどうか調べる。　$X \bmod p_i \neq 0 ?$
3. X の第 i 要素から 1 を引く。　　$X \leftarrow X \mathbf{\ div\ } p_i$
4. 自然数 x が素数かどうかを調べる　$z \leftarrow Prime(x)$
5. i 番目の素数 p_i を取り出す。　　$z \leftarrow getPrime(i)$

1. X の第 i 要素に 1 を加える。　　$X \leftarrow X * p_i$

具体的に例を挙げて考えてみましょう。先に出てきた自然数 20 は配列で表すと (2,0,1) です。この配列の第 2 要素に 1 を加える場合を考えてみましょう。

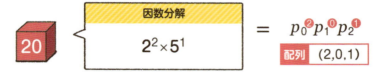

p_2 を掛けます

まとめると「自然数 20 の配列 (2, 0, 1) の第 2 要素に 1 を加える」には、2 番目の素数 p_2 (=5) を掛ければよいということがわかりました。これをより一般的にいうと、以下のようになります。

X の第 i 要素に 1 を加える。　$X \leftarrow X * p_i$

第2要素は2番目の要素だから、0じゃないの？

1つ目の要素を1番と数えているようだが、(2,0,1)の第2要素は1ジャ。1つ目は0番目、2つ目が1番目…と数えることに注意しなてはいけないんジャヨ。第2要素に1を加えると (2,0,1) は (2,0,2) になるんジャ。

2. X の第 i 要素が 0 かどうか調べる。　　$X\ \textbf{\textit{mod}}\ p_i \ne 0?$

次に X の配列の第 i 要素が 0 かどうかを判断するにはどうすればよいかを考えてみましょう。ここでも 20 を例にとって考えてみます。20 の配列の第 2 要素が 0 かどうかを調べるには、2 番目の素数 p_2（つまり 5）で 20 を割ってみます。20 ÷ 5 は割りきれるので余りは 0 です。＋－×÷ のような演算子と同じように、「余りは何か？」という意味の演算子として **mod** を使います。

$$X\ \textbf{\textit{mod}}\ p_i \ne 0\ ?$$

この式の意味は、X を p_i で割ったとき「余りはゼロで**ない**か？」と聞くことです。たとえば次のように使います。

配列の第 2 要素がゼロかを調べたいときは…

X の第 i 要素が 0 かどうかを調べるには、X が p_i で割りきれるかどうか を調べます。X が p_i で割りきれたら X は p_i の倍数であり、したがって X の第 i 要素は 0 ではありません。$X = 20$ の場合、20 は 5 で割りきれ るので答えは *no* となり 20 = <2, 0, 1> の第2要素は 0 ではありません。 また 20 は 3 で割りきれないので <2, 0, 1> の第1要素は 0 です。

3. X の第 i 要素から1を引く。　　　$X \leftarrow X \ \boldsymbol{div} \ p_i$

X の第 i 要素から1を引くには、まず (2) の方法で X の第 i 要素が 0 で ないことを調べてから、0 でないなら X を p_i で割ります。

4. 自然数 x が素数かどうかを調べる。　　$z \leftarrow Prime(x)$

自然数 x が素数か否かを調べる方法は、以下のようになります。まず 0 と 1 は素数ではないので 2 以上の場合を調べます。 x が 2 以上の場合は、 2 から $x - 1$ までの各自然数 j に対し、x が j で割りきれるかどうかを順に テストします。そのため、まず z を 1(真) セットしておいて、 1 つでも割 りきる j が見つかったら z を 0(偽) にセットします。

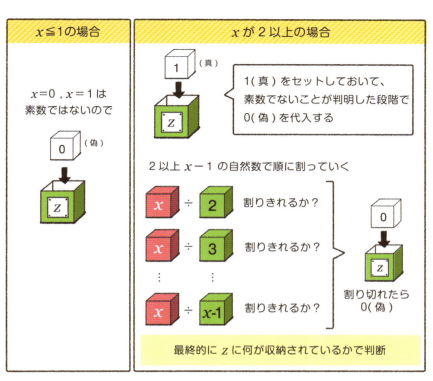

while プログラムで書くと以下のようになります。

procedure $z \leftarrow prime(x)$: ①

begin

    if $x \leqq 1$
      then $z \leftarrow 0$ ②

      else begin $z \leftarrow 1; j \leftarrow 2;$ ③
        while $j < x$ **do**
          begin **if** x **mod** $j = 0$ **then** $z \leftarrow 0;$
              $j++$
        end
    end

end

① まず1つ目の式より見ていきましょう。**_procedure_** $z \leftarrow prime(x)$ は「自然数 x が素数か」を表すこの手続きの表題です。

② 次に **_begin_** と **_end_** に囲まれている黄色い枠内を見ていきましょう。上の白いブロックで、x が1以下であれば z に0をセットします。0は偽を意味するので、x が1以下であれば素数ではない、という意味です。

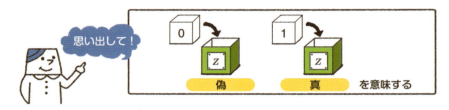

③ x が1よりも大きかった場合は、次の白いブロックに進みます。

```
begin z ← 1 ; j ← 2;
      while j < x do
          begin if x mod j = 0 then z ← 0 ; j++ end ;
end
```

z に1をセットし、j に2をセットした状態から始まります。z に1が入っているので、「素数である」という判断をしている状態から開始することになります。j が x より小さい間は次の操作を続けます。x が j で割りきれるかどうかを判断し、割りきれた場合には z に0を入れて、j を1つ増やします。2から順番に x の直前の数まで割り続けていき、j が x と等しくなるまでにひとつでも割りきれたら z に0を入れます。

このように、まずは z に1を入れておいて（つまり真であるとしておいて）違反が生じたら0（偽）とする手法はプログラムではよく使います。

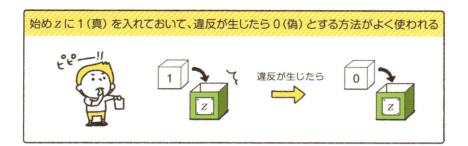

5. i 番目の素数 p_i を取り出す。　$z \leftarrow getPrime(i)$

ではいよいよ i 番目の素数 p_i を計算する手続きを述べましょう。

procedure $z \leftarrow getPrime(i)$:　　　　　　　　　　　　　　　　①

begin $z \leftarrow 2;\ zp \leftarrow 3;\ j \leftarrow 0;$　　　　　　　　　　　　　　　②
　　while $j < i$ **do**　　　　　　　　　　　　　　　　　　　　　　③
　　　　if $prime(zp)$ **then begin** $z \leftarrow zp;\ j++;\ zp++$ **end**
　　　　else $zp++$
end

①まずはオレンジの帯の部分を見てみましょう。この部分はこの手続きの表題で、「z に i 番目の素数 p_i を入れる」ことを表しています。

②次に黄色の帯、この手続きの本体に進みます。まずは z に 2 を入れて、zp に 3 を入れ、j にはゼロを代入したところからスタートします。

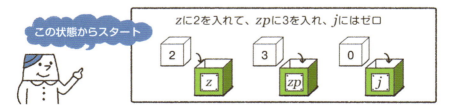

③緑の帯に進みます。素数の候補 zp を 3 からはじめ、1 ずつ増加させ、素数かどうかを調べます。素数が見つかるごとに j を 1 増加します。i 番目の素数が見つかったとき、z には最後に見つけた素数が格納されています。この操作で、最終的に出力の箱 z には i 番目の素数が格納されていることになります。

以上の 5 つの手続きを用いて、(a) 配列 X から第 i 要素を取り出す手続きと (b) 配列 X の第 i 要素に x をセットする手続きを見てみましょう。

> (a) 配列 X の第 i 番目を取り出す。

ここまでと同様に配列 X の第 i 要素の取り出し方を **while** プログラムで書き表してみます。自然数 20 を例として考えてみましょう。

$20 = 2^2 \times 3^0 \times 5^1$, $X = <2, 0, 1>$ なので、配列 X の第 2 要素は 1 です。1 を取り出して z に格納します。まず X を Y にコピーしておいて、Y が pi で何回割れるかを調べます。**while** プログラムで書くと以下のようになります。

```
procedure z←X[i]:

  begin Y←X; pi←getPrime(i); z←0;
    while Y mod pi =0 do
      begin Y ← Y div pi ; z++
        end
  end
```

(b) 配列 X の第 i 要素に x をセットする。

ここでも、自然数 20 を例に考えてみましょう。

$20 = 2^2 \times 3^0 \times 5^1 = $ <2, 0, 1> なので $X = $ <2, 0, 1> とすると、X の第 2 要素は 1、つまり $X[2] = 1$ です。X の第 2 要素に x をセットするには、まず X の第 2 要素を 0 にしてから X に x 回 5 を掛けます。

procedure $X[i] \leftarrow x$:

> **begin** $pi \leftarrow getPrime(i)$; $u \leftarrow x$;
>   **while** X **mod** $pi = 0$ **do** $X \leftarrow X$ **div** pi;　　　　　　①
>   **while** $u \neq 0$ **do begin** $u\text{--}$; $X \leftarrow X * pi$ **end**　　　②
> **end**

まず、pi に i 番目の素数を入れます。u には x を代入します。① X を pi で割った余りがゼロである間、つまり i 番目の素数で割りきれる間は X に $X \div pi$ を代入します。② u が 0 ではない間、u を 1 つ減らし、X に $X \times pi$ を代入します。つまり X に x 回 pi を掛けます。

変数 X に配列 $(y_1, y_2, \cdots, y_n)$ のコードをセットするには代入文

$$X \leftarrow \; <y_1, y_2, \cdots, y_n>$$

を使います。これは次の文の略記法とします。

> **begin** $X \leftarrow 1$;
>
> $X[0] \leftarrow y_1$; $X[1] \leftarrow y_2$; $\cdots$; $X[n\text{-}1] \leftarrow y_n$
>
> **end**

ちょっとここでひとやすみ -空のコードについて-

理論ではよく空の配列（サイズ 0 の配列）を考えます。空の配列は () で表します。空の配列のコードは 1 と定めます。上のプログラムの 1 行目の $X \leftarrow 1$ は、X に空の配列（のコード）を代入することを表しています。空の配列 () も、要素 0 が 1 つの配列 (0) も、要素 0 が 2 つの (0, 0) も、コードは 1 となります。

コンピュータが扱う対象は、"配列"という概念が加わることにより、その幅がとても広がりました。とくに配列を自然数で表すゲーデル数の発明により、コンピュータ・サイエンスは飛躍的な発展を遂げたのです。昔ゲーデル数は"数"以外の対象を数学の世界に持ち込むという意味で"**算術化**"と呼ばれ、高尚な理論のものとされていました。現在では一般的にも定着し"**コード化**"と呼ばれ、コンピュータの世界ではなくてはならないものになっています。

Chapter 8 プログラム内蔵方式と万能プログラム

いよいよ、"万能プログラム"の登場です。どんな問題もたったひとつの万能プログラムで解くことができてしまう素晴らしいプログラムです。*while* プログラムを対象とした万能プログラム、そして機械が扱う機械語を対象とした万能プログラムの両方を見てみましょう。

8-1 万能チューリング機械

ではここで Chapter5 で述べた以下の図を思い出してください。

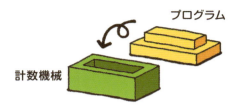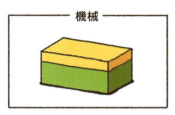

　本書では上図のようにプログラムとハード部分をまとめたものを機械と呼びます。異なるプログラムで動く機械は「異なる機械」ということになります。チューリングはこの意味で、何種類ものチューリング機械を考案しています。その中でも素晴らしく独創的なものは**万能チューリング機械**と呼ばれる機械です。万能チューリング機械が受け取るのは、入力の値だけではありません。**プログラム P を入力データ x と共に受け取ります。**それから、プログラム P の命令通りに入力データ x を処理します。言い換えると、万能チューリング機械が１台あれば、他にはチューリング機械は必要ありません。この万能チューリング機械は、現在では**プログラム内蔵方式**と呼ばれ、実際のコンピュータの誕生の大きな礎となりました。

　チューリングのよき理解者であるフォン・ノイマンは、実際のコンピュータの設計や開発を行い、「コンピュータの生みの親」ともいわれていましたが、彼自身は「私はただの助産婦にすぎない」と答えていたそうです。チューリングが提案した万能チューリング機械という考え方を高く評価していたことはもちろん、現代のコンピュータの原理の核心をつく"革新的"なものだったことが伺い知れます。

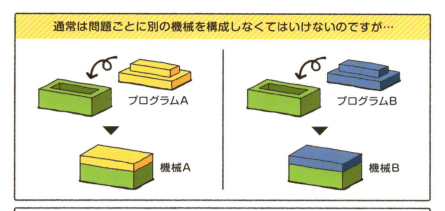

8-2 機械語

while プログラムや流れ図は人間にとってわかりやすい言語ですが、機械にとっては処理しやすい言語ではありません。流れ図は、空間的な配置関係を捉えなければなりませんし、*while* プログラムの場合は英語や日本語を処理するときと同じように構文構造を解析しなければなりません。このような人間向けの言語を"高級言語"といい、機械向けの言語を"機械語"といいます。高級言語で書かれたプログラムは機械語に翻訳され、実行されます。高級言語で書かれたプログラムを機械語に翻訳するプログラムを**コンパイラ**といいます。

「アルゴリズムはその操作手順を分解していくと最後には非常に単純な構

成要素にたどり着く」ということを **Chapter4** で説明しましたが、機械語も同じように、簡単な構成要素の組み合わせで構成することができます。

機械語が使用する命令は次の 4 種類だけです。

$$INC\ k; \qquad DEC\ k; \qquad JMP\ k; \qquad JZR\ k;$$

$INC\ k;$ は計数器 x_k に1を加えることを意味します。

$DEC\ k;$ は計数器 x_k から1を減ずることを意味します。

各命令には順に番地がふられていて、これらの命令を実行したあと、この命令の次の番地の命令が実行されます。

$JMP\ k;$ は次に k 番地の命令が実行されることを表しています。

$JZR\ k;$ は JumpZeRo の略で、$JZR\ k$ は計数器 x_k の内容が 0 かどうかを調べます。この命令の番地を i とします。もし $x_k = 0$ なら次は $i + 1$ 番地の命令が、もし $x_k \neq 0$ なら次は $i + 2$ 番目の命令が実行されます。

8-3 機械の仕組みを知る

世界で最初の市販の計算機は、有名な哲学者で数学者の**パスカル**が 1642 年に作ったものだとされています。これはプログラムができない手動式の計算機で、足し算と引き算しかできませんでした。その後計算機は発展を遂げ、**バベッジ**という人が、蒸気機関で動く計算機を設計します。実際には完成しませんでしたが、現在の計算機科学者はこれをコンピュータのはじまりとみています。というのも、この蒸気機関で動く計算機はプログラムが可能であるからです。その機械の画期的なところは、パンチカードでプログラムを書けるようにしたことです。現在ではパンチカードを使う

コンピュータはもうありませんが、仕組みを理解するためにわかりやすいのでパンチカードを使ってプログラムがどのように書けるのかを見ていきましょう。パンチカードはマークシートのようなもので、1枚のシートに表が書かれており、該当する箇所に穴が開けられるようになっているものです。下の図のように、4つの演算名 INC, DEC, JMP, JZR のどれかに穴を開け、番地部は演算の対象となる番地に対応した穴を開けます。

INC DEC JMP JZR	0 1 2 3 4 5 6 7 8
INC DEC JMP JZR	0 1 2 3 4 5 6 7 8
INC DEC JMP JZR	0 1 2 3 4 5 6 7 8
INC DEC JMP JZR	0 1 2 3 4 5 6 7 8
INC DEC JMP JZR	0 1 2 3 4 5 6 7 8

命令計数器
今ここを読み取っている

パンチカード

　重要な機能として、現在何番地の命令を実行しているかを保持する**命令計数器** (instruction counter) があります。最初、命令計数器はゼロにセットされ、0 番地の命令から計算が開始されます。INC 命令と DEC 命令の場合は、命令の実行後に命令計数器に 1 が足され、次の番地の命令が実行されます。JMP 命令の場合は、命令計数器は JMP 命令の番地部に置き換えられます。このパンチカードでプログラムを表現し、これを機械に入れると機械が動き、処理がなされるという仕組みです。上の例で述べたパンチカードは、次の **while** プログラムを表しています。

$$while \ x_3 \neq 0 \ do \ begin \ x_3\text{--} \ ; \ x_2\text{++} \ end$$

この **while** プログラムは x_3 が 0 になるまで x_2 に 1 を追加していくもので、これをコンパイルすると、次のような "計数機械のプログラム" に変換されます。

	OPR	ADR	
0	`'JZR'`	3	$x_3=0$ なら 1 番地へ、$x_3 \neq 0$ なら 2 番地へ
1	`'JMP'`	5	5 番地へ
2	`'DEC'`	3	x_3 を 1 減少
3	`'INC'`	2	x_2 を 1 増加
4	`'JMP'`	0	0 番地へ

演算部：OPR　番地部：ADR　番地

　この機械語のプログラムを上で述べたパンチカードで表現し、パンチカードを機械にセットします。入力の計数器に入力をセットし、命令計数器に 0 をセットして、機械を始動します。機械は命令計数器の示している命令を解釈して実行します。現在の命令が *INC* なら、番地部の示す計数器に 1 を加え、命令計数器に 1 を加えます。その他の命令についても同様です。機械が止まったとき、計数器 x_0 が示す数値が出力です。

　機械語のプログラムとは、上で述べたような表のことですが、もう少し正確に述べておきましょう。以下で単に計数機械のプログラムといった場合、計数機械の機械語のプログラムのことを示します。計数機械のプログラムは 2 つの配列 *OPR* と *ADR* で表されます。*OPR* を演算部、*ADR* を番地部と呼びます。演算部の要素は演算名で、番地部の要素は番地です。次の 4 つの演算名

$$INC, \quad DEC, \quad JMP, \quad JZR$$

には、それぞれ異なる自然数が割り当てられています。割り当てられた自然数を

$$\text{`}INC'\text{', `}DEC'\text{', `}JMP'\text{', `}JZR'\text{',}$$

で表すことにします。演算名 a に割り当てられた自然数 $\text{`}a'$ を、a の**演算コード**といいます。配列 ADR のサイズ、つまり含まれる命令の個数を、このプログラムのサイズと呼びます。プログラムのサイズもプログラムの要素としておいたほうが、以下での記述が簡単になるので、要素に含めることにします。機械語のプログラムの定義は次のようになります。

機械語のプログラム P とは、OPR と ADR とプログラムのサイズ m からなる配列 $P = <OPR, ADR, m>$ のことである、と定めます。

上の機械語を例にとると

$$OPR = <\text{`}JZR', \text{`}JMP', \text{`}DEC', \text{`}INC', \text{`}JMP'>$$
$$ADR = <3,5,3,2,0>$$
$$m = 5$$

となります。OPR、ADR は共にサイズ 5 の配列となるので $m=5$ です。

8-4 万能プログラム

上で述べたプログラム内蔵方式の機械を ***while*** プログラムとして実現しましょう。それにはまずプログラムを格納する領域が必要です。物理的に格納する場所を作るのではなく、頭の中で (プログラム上で) 格納領域を作っていきます。これを 2 つの配列 OPR と ADR とします。この配列

は、命令を格納する棚と考えてください。棚には 0,1,2 と番地が割りふられていて、i 番地の棚 $OPR[i]$ と $ADR[i]$ には演算名と番地を格納します。また命令計数器を表す変数 ic も用意しました。

procedure $z \leftarrow U(P, x_1, x_2, \ldots ,x_n)$:

begin $X \leftarrow <0, x_1, x_2, \ldots ,x_n>$;　①

$OPR \leftarrow P[0]; ADR \leftarrow P[1]; m \leftarrow P[2]; ic \leftarrow 0$;　②

while $ic < m$ **do**　　　　　命令計数器

begin $op \leftarrow OPR[ic]$; $ad \leftarrow ADR[ic]$;　③

if $op=$'INC'　**then**

begin $X[ad] \leftarrow X[ad]+1$; ic++ **end**

else if $op=$'DEC'　**then**

begin $X[ad] \leftarrow X[ad]-1$; ic++ **end**

else if $op=$'JMP' **then** $ic \leftarrow ad$

else if $op=$'JZR' **then if** $X[ad]=0$

then $ic \leftarrow ic+1$ **else** $ic \leftarrow ic+2$

else $ic \leftarrow m$

end;　　4つの命令以外の場合は、停止という意味

$z \leftarrow X[0]$

end

① ここで、P は機械語のプログラムであり、x_1, x_2, $\cdots$, x_n は P の入力です。$P = <OPR, ADR, m>$ で、P の入力の個数は n です。

　計数機械の機械語のプログラム P と P への入力 x_1, x_2, $\cdots$, x_n が与えられたとします。**while** プログラム U は機械語のプログラムの命令を 1 ずつ解釈して実行します。

② P における計数器の内容は、U では配列 X で表します。まず入力変数 x_1, x_2, …, x_n の内容が配列 X に格納されます。 $X[0]$ は計数器 x_0 に対応するので最初は 0 です。 x_{n+1}, x_{n+2}, … の内容も最初は 0 です。U の変数 ic は命令計数器を表します。

③ ic は現在実行しようとしている命令の番地、$op = OPR[ic]$ は実行しようとする命令の演算部、$ad = ADR[ic]$ は番地部を表します。

$op = {}$ 'INC' の場合、すなわち現在実行しようとしている命令が INC の場合、$X[ad]$ を 1 増加させ、ic を次の番地に進めます。 $op = {}$ 'DEC' の場合は1減少させ、ic を次の番地に進めます。$op = {}$ 'JMP' の場合は命令計数器 ic を現在実行しようとしている命令の番地部 ad で置き換えます。 $op = {}$ 'JZR' の場合は $X[ad]$ の内容を調べ、ゼロなら ic を次の番地に、そうでないなら ic を次の次の番地にセットします。その他の場合（正しいプログラムの場合はあり得ない）は、ic に m をセットし、プログラムを終了させます。

すべての機械語のプログラムは 4 つの命令で構成されています。どんなプログラムが入力値と共に与えられても、この万能プログラムを使えば命令をひとつずつ解釈して実行することができるのです。

8-5 世界で一番簡単なコンパイラの話

while プログラムは人間向けの高級言語で、これを機械向けの機械語に翻訳するプログラム cmp を**コンパイラ**と呼びます。以下で、*while* プログラムの文 s を機械語のプログラム $cmp(s)$ に翻訳する手続きを述べま

す。以下で述べるのは世界で一番簡単なコンパイラです。**while** プログラムは理論的モデルですから、コンパイラも簡単です。実際のプログラミング言語の場合はもっと複雑ですが、本質的には変わりません。

まず **while** プログラムの文 s を機械語の命令の列 $cmp(s)$ に変換します。$cmp(s)$ は **while** プログラムの文法に従って帰納的に次のように定義されます。

s が基本実行文 x_i++ のとき、$cmp(s)$ は以下のように定義されます。

s が x_i-- のときも同様に以下のような定義になります。

これらの場合、$cmp(s)$ は1個の命令からなる列です。命令は演算部と番地部とからなることに注意してください。

s が複合文の場合は

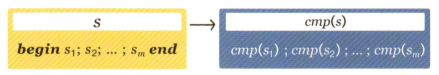

で定義されます。ここでは命令の区切りが見やすいよう、区切り記号として " ; " を使っています。

s が **while** $x_i \neq 0$ **do** s' のときは $cmp(s)$ は次で定義されます。

$$
\begin{array}{l}
JZR \quad i\,; \\
JMP \quad z + k\,; \\
\boxed{cmp\,(s')\,;} \\
JMP \quad z - k\,;
\end{array}
$$

s' をコンパイルした
機械語の命令の列

k は "**cmp(s')** の命令の数＋2" を表す数値
z はこの *JMP* 命令が置かれる番地を示す

たとえば **k** ＝5 の場合

1	$JZR \quad i\,;$	1. i が 0 なら次、0 でないなら次の次へ
2	$JMP \quad z + k\,;$	2. $z+k$=7 なので、7 番地に飛ぶ（終了）
3	命 令	
4	命 令	$cmp(s')\,;$
5	命 令	
6	$JMP \quad z - k\,;$	6. 6 番地マイナス 5 で 1 番地に飛ぶ
7		

ここで、$cmp(s')$ は s' をコンパイルした機械語の命令の列です。k は "$cmp(s')$ の命令の数＋2" を表す数値です。z はこの *JMP* 命令が置かれる番地を示す記号です。2 行目の *JMP* 命令は、計数器 x_i が 0 の場合 $z + k$ 番地に飛ぶことを表します。したがって、もう少し詳しくいうと、$cmp(s)$ に現れる命令の番地部は定数ではなく、"自分の番地" を表す記号 z を含んでいます。$cmp(s)$ が完成して、配列 *OPR* と *ADR* に命令を格納していくとき、上の *JMP* 命令の番地部 $z + k$ には、k にこの命令の番地を加えた数値を入れます。また番地部が $z - k$ の場合には、この命令の番地部から k を引いた数値を入れます。

前節では、機械語を実行する万能プログラムを構成しましたが、次に構

成するのは **while** プログラムを実行する万能プログラムです。 **while** プログラムを機械語に翻訳し（コンパイルし）、それを実行します。

次の **while** プログラム WHL は **while** プログラム s を入力 $x_1, x_2, \cdots, x_n$ の下で解釈実行するプログラムです。

procedure $z \leftarrow WHL(s, x_1, x_2, \cdots, x_n)$:

   begin $P \leftarrow cmp(s); z \leftarrow U(P, x_1, x_2, \cdots, x_n)$ **end**

先に述べた **U は機械語に対する万能プログラム** で、今回述べた **WHL は while プログラムに対する万能プログラム** です。どちらも同じですが、WHL は **while** プログラムという枠組みの中だけで議論することができますし、U を使えば計数機械というモデル内だけで理論が展開できます。

チューリングが構成したのは"万能チューリング機械"ですが、本質的には上で述べた万能プログラムと同等です。この万能機械はコンピュータの発達にとても大きな影響を与えました。当時計画されていた計算機はみな特殊な目的のものでしたが、プログラム内蔵方式を採用すれば汎用のコンピュータが設計できることになります。また、ハード面も複雑な構造を考えなくても、思いっきり単純なものでよいことになります。ソフト面でも、プログラミング言語の開発という道が開けてきました。新しいアルゴリズムが開発されるたびに言語を設計し直す必要はありません。ひとつのコンピュータがプログラムを変えるだけでどんなことでもできるのです。これは現在では当たり前のことになっていますが、これはチューリングの万能機械のおかげなのです。

8-6 仮想空間としてのコンピュータ

　万能プログラム U を **while** プログラムで書いてなんの意味があるので
しょうか。頭の中で動くだけで、実際に実行できるわけではありません。
計数機械の機械語のプログラムを実際に実行する機械を作ったのではない
のです。しかし、現在では「機械を模倣するプログラム」など当たり前の
ことになっていますし、機械だけでなくお店とかゲームなどいろいろなも
のがコンピュータの中で実現されています。チューリングは「チューリング
機械という閉じた世界」の中ですべてのものを実現したのです。

　万能機械はとても奇妙なプログラムです。計数機械を現実に作ろうとす
ると、歯車とか電気とか、いろいろと数学的ではないことが入ってきてし
まいます。数学者は直観的でわかりやすく説明することをとても嫌がりま
す。数学者特有の言葉を使って、形式的に述べるほうがずっと楽なのです。
特に初心者は、具体的な例を使った直観的な説明を好む傾向にあります
が、理論としては不正確で厳密には間違ったことをいっていることになり
かねないのです。

8-7 まとめ

　これまでソフトウェアの面から計数機械の能力、つまり **while** プログ
ラムの能力について考えてきました。ある計算モデル B が、計算モデル
A より強力であることを示すには、A が B で模倣（シミュレート）できる
ことを示せばよいのです。A ができることはなんでも B がまねできるの
ですから、A より B のほうが強力です。この手法は、能力の限界を示す

のにも使えます。つまり、B できないことは、A もできないのです。した
がって、「*while* プログラムができないことは、現在のプログラムでもで
きない」ことになります。

　この章では、「任意の計数機械のプログラム」を模倣する *while* プロ
グラム（つまり万能プログラム）U を構成しました。U はどんな計数機械で
も模倣できますから、どんな計数機械よりも強力です。計算機モデルには
いろいろなものがあります。現在のコンピュータは「足す 1」、「引く 1」以
外にも豊富な演算が用意されています。計数機械に四則演算の能力を加
えた計算モデルを「レジスタ機械」といいます。また、計数機械では配列
はゲーデル数を使ってソフトで実現しましたが、実際のコンピュータでは、
次の機能を持つ命令が用意されています。「レジスタ i の内容を、レジス
タ j が示すレジスタに移せ」。このような機能をもった計算モデルを、「ラ
ンダム・アクセス機械」といいます。つまり、ランダムアクセス機械とは、
配列の機能を備えた計算モデルといえます。これらの計算モデルが、計数
機械で模倣できることを示すには、上で構成した万能プログラム U にこれ
らの命令を実行する部分を付け足せるだけでよいのです。

　この章で用いたもうひとつの手法はコンパイラです。世の中にはいろい
ろな種類のプログラム言語があふれています。これらの言語が *while* プ
ログラムで模倣できることを示すには、*while* プログラムに変換するコン
パイラを作ればよいことになります。

Chapter 9 計算可能性

"計算できる"という直感的な概念を、形式的な概念として規定したのが"チャーチの定立"です。計算可能な問題とはなにか、計算できない問題はあるのか、そもそも"問題"とはなにか…。いよいよ本書の根幹のテーマに迫ります。

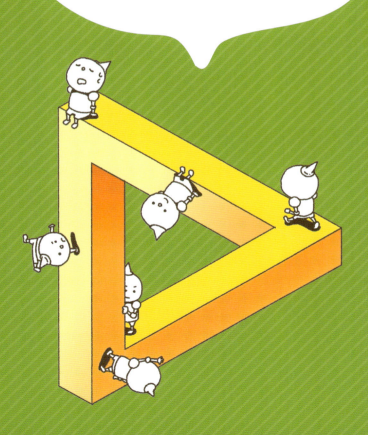

9-1 計算可能性の能力

　ここまで計数機械の能力について述べてきました。計算の手順（アルゴリズム）がありさえすれば、どんな難しい問題でも計数機械で計算することが可能ということは、言い換えると**コンピュータで解ける数学上のすべての問題は、計数機械で解くことができる**ということになります。ここでいうコンピュータとは、将来現れるであろうコンピュータを含めたすべてをさします。

　計数機械が現在のコンピュータと同等の能力を持つことは認めるとしても、これを超える能力を持つコンピュータが現れないと言い切れるのか、と不思議に思う人もいるかもしれません。まだ現れていないコンピュータのことなので、もちろんこれは証明できる事柄ではありません。しかしこのことは、これまでの長い歴史上の経験と実績で確かなものだと信じられています。

9-2 計算可能性とチャーチ＝チューリングの定立

　「私たちが持つ"計算できる"という直観的な概念を、"計数機械で計算可能"という形式的な概念で規定しよう」これが**チャーチの定立**です。つまり、"計算できる"というのは「現実の世界」における私たちが日常使っている言葉ですが、"計数機械で計算可能"というのは専門用語で、数学的に明確に定義された概念、つまり**イデアの世界**に属します。計数機械や、*while* プログラム、部分関数もイデアの世界（数学の世界）の概念です。

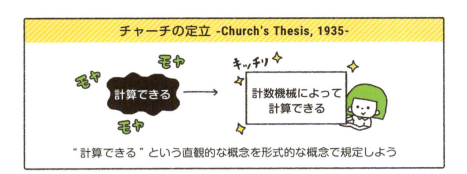

枠組みとしては上の図で十分ですが、数学者の立場から見ると曖昧な部分があるので、以下で補っておきます。計数機械とは **while** プログラムを実行するコンピュータの数学的なモデルです。ですから、**while** プログラムと計数機械は同じものだと見なして構いません。数学的な対象として私たちが扱うのはすべて部分関数なのです。

while プログラム P を計数機械の下で動かしてみましょう。P の入力の個数を n とします。P に n 個の自然数と入力すると、P は停止して b を出力するか、あるいはいつまでたっても停止しないかのいずれかです。この状況は次の式で表されます。

$$f(a_1, a_2, \cdots, a_n) = b \quad \cdots P \text{は入力} a_1, a_2, \cdots, a_n \text{の下で} b \text{を出力}$$
$$f(a_1, a_2, \cdots, a_n) \text{は未定義} \cdots P \text{は入力} a_1, a_2, \cdots, a_n \text{の下で停止しない}$$

このような f のことを **P が計算する部分関数** といいます。

定義　部分関数の計算可能性　　Def-004

部分関数 f が計算可能であるとは
f を計算する **while** プログラムが存在すること

これが"計算可能"の正式な、そして形式的な定義です。チャーチがこの定立を立てたのは、この定義をしたかったためです。

関数 f が計算可能であるとは、f の値はすべての $a_1, a_2, \cdots, a_n$ に対し定義されているので、f を計算する機械(**while** プログラム)P は任意の入力 $a_1, a_2, \cdots, a_n$ の下で停止しなければなりません。復習のために述べ直すと以下のようになります。

定義　関数の計算可能性　Def-005

関数 f が計算可能であるとは、f を計算する
すべての入力の下で停止する **while** プログラムが存在すること

チャーチの定立より、"計算可能"とは"計数機械によって計算できる"ことに形式化されました。機械はプログラムがないと動かないので、"計数機械によって計算できる"ということは"それを計算する **while** プログラムが存在する"ということです。

チャーチの定立が提唱されてから、ほぼ100年近い年月が経とうとしています。現在では誰でもがチャーチの定立を認めています。アルゴリズムは、英語や日本語やプログラミング言語など、いろいろな言語で表現されます。チャーチの定立の意味するところは、これらのアルゴリズムはすべて計数機械を動かすプログラムに変換できるということ、すなわち **while** プログラムに変換できるということです。つまり、チャーチの定立は、現在では次のような使われ方をします。

関数 f はこれこれのアルゴリズムで計算できる。よってチャーチの定立により、f を計算する ***while*** プログラムが存在する

9-3 集合の計算可能性

　自然数の集合 A が計算可能であるかどうかを考えてみます。集合 A が計算可能であるかとは次を満たす ***while*** プログラム P が存在することです。もし x が A の要素なら、P は入力 x の下で yes(1) と答え、x が A の要素でないなら no(0) と答える。P がこのようなふるまいをするとき、***while*** プログラム P は自然数の集合 A を==計算すると==いいます。

　したがって、==集合 A が計算可能であるとは "A を計算する ***while*** プログラムが存在することである"==となります。

9-4 自然数以外の場合の計算可能性（性別判定問題）

　ここまで関数や集合の計算可能性は **while** プログラムが存在するかどうかで判断できるとしてきました。ただし、**while** プログラムには<mark>自然数しか扱えない</mark>という注意すべき点があります。では、対象が自然数以外の計算可能性をどのように判断すればいいでしょうか。

　手はじめに簡単な例で見てみましょう。「この日本人は女性か男性か」を判定する場合を考えてみます。

　この日本人を対象に「性別を判定する問題」の計算可能性を判断するには、まずは性別判定問題を「どのようにしてプログラムで解くか」を考えなければなりません。現時点だと入力値は「人」ですが、「人」のままではプログラムの入力値として扱えないので、自然数に変換する必要があります。また、ここでは<mark>日本人を対象</mark>にしました。では「人」の入力はどのように自然数に変換したらよいでしょうか？「人」に振り分けられた代表的なラベルに「名前」がありますが、同姓同名の人がいるのでこれは適当ではありません。そこで国民一人一人に固有の自然数を割り当てることにします。国民 x に割り当てられた自然数を "x" で表し、これを x の<mark>国民コード</mark>と呼

びます。コード化することで、入力 x の部分を自然数に変換できます。次に対象の範囲を明確化します。この問では、日本国籍を有する人「全体」を対象としていますので、次のように表します。

> 日本国籍を有する人全体からなる集合を Ω(オメガ) とする

Ω(オメガ) を扱う対象全体からなる集合とし、これを**普遍集合**と呼びます。この場合は日本国籍を持っている人全員をもれなく集めたものが普遍集合 Ω(オメガ) となります。このように対象範囲を明確にすることは議論の上ではとても重要です。

Chapter 9 計算可能性

143

普遍集合が決められていないとどうなるの？

普遍集合は対象の範囲を明確にするために必要な概念なんジャヨ。普遍集合が決められていないと、次のイラストのようなことが起こり得てしまうんジャ。

性別判定問題では**"人"に国民コードを振り当てることで人を自然数に翻訳**して問題を解きました。つまり Ω（オメガ）の各要素 x に自然数 $\sigma(x)$ を割り当てました。$\sigma(x)$ を x の**コード**といい、関数 $\sigma : \Omega \to N$ を Ω の**コード化**といいます。

上では性別判定問題としましたが、より汎用性が高いように記述すると以下のようになります。A を Ω（オメガ）に関するある性質とします。次を、性質 A 判定問題と呼ぶことにします。

問題　**性質 A 判定問題**　　　　　　　　　　　　　　　problem-002

入力　Ω（オメガ）の要素 x

問　x は性質 A を満たすか？

性別判定問題と同じように、まずはコード化するところからはじめてみましょう。性質 A を満たす $\overset{\text{オメガ}}{\Omega}$ の要素 x のコード全体からなる集合を "A" で表します。つまりコード化することで A を自然数の世界に翻訳します。これを数学の記号を使って表現すると "A" は次のように表されます。

"A" = { "x" | 対象 x は性質 A を満たす }

性質 A 判定問題を自然数の問題に翻訳すると、次のようになります。

| 問題 | 性質 A 判定問題 2 | problem-003 |

入力　対象 x のコード "x"

問　　"x" は "A" の要素か？

9-5 *while* プログラムの認識問題

計算可能な問題の例の応用編です。あるプログラムが **while** プログラムの文法にのっとっているかどうかを判断する問題を「**while** プログラムの認識問題」と呼びます。

| 問題 | *while* プログラムの認識問題 | problem-004 |

入力　文字列 P

問　　P は文法的に正しい **while** プログラムか？

入力の「文字列 P」は正確に表現すると「$\overset{\text{シグマ}}{\Sigma}$ 上の文字列 P」です。先述した性別判定問題では $\overset{\text{オメガ}}{\Omega}$ を日本国籍を有する人全体からなる集合として範囲を決めたように、**while** プログラムに出てくる文字すべてを集めた集

合を Σ(シグマ) と設定することで、文字列の範囲を正確に定めます。数学では文字、文字列の厳密な定義が必要だからです。

　文法的に正しい **while** プログラム全体からなる集合を WP で表します。与えられた文字列が文法的に正しいかどうかを判定する技術を==構文解析==といいます。これまで、構文解析の研究が盛んに行われ、多くの構文解析のアルゴリズムが開発されています。したがってチャーチの定立より「**while** プログラムの認識問題は計算可能である」といえます。**while** プログラムは自然数しか扱えないので、WP が計算可能であるとは、**while** プログラムのプログラム・コード全体からなる集合 "WP" が計算可能であることを意味しています。

9-6 素数判定問題

　7-5 で **while** プログラム $prime(x)$ を実際に書いたのを思い出してください。チャーチの定立より、計数機械によって計算できるものを計算可能としました。つまり **while** プログラムが実際に書けたら計算可能ということになります。よって素数判定問題は計算可能です。

　素数全体からなる集合を $PRIME$ すなわち、$PRIME = \{\ 2, 3, 5, 7, 11, 13, …\}$ とします。素数判定問題は、集合 $PRIME$ として定式化されます。

どちらも素数判定問題

```
procedure z ← prime(x):
  begin
    if x ≦ 1
      then z ← 0
      else begin z ← 1; j ← 2;
        while j < x do
        begin if x mod j = 0 then z ← 0;
              j++
        end
      end
  end
end
```

素数全体からなる
集合を
$PRIME$ とする

$$x \longrightarrow \boxed{PRIME} \begin{array}{l} \nearrow yes \\ \searrow no \end{array}$$

while プログラムが書ける
＝その集合が計算可能
ということジャ

9-7 「問題」とは自然数の集合

　私たちはこれまで"機械"について考えてきました。機械とは「質問を与えると答えが出るもの」と捉えてきました。これを抽象化したものが"関数"です。"機械"は「現実の世界」の住人で、"関数"は「数学の世界」の住人です。古代ギリシャの哲学者プラトンは、この「数学の世界」のことを「イデアの世界」と呼んでいます。プラトンは、「この現実の世界は移ろいやすく、五感に支配されていて信用できない。イデアの世界こそが真に実在するものである」といっています。これを「イデア論」といいますが、"実在"という言葉の意味が普通と逆のようで、混乱するかもしれません。たとえば幾何学における「点」や「直線」は、イデアの世界に実際に普遍的に存在していて、現実に紙に書いた点や直線は、本当の「点」とか「直線」の不格好なイミテーションで本物ではない、というのがイデア論です。

普通私たちが「問題」といった場合、質問に対しなんらかの答えを要求するものですが、以下では、問題とは答えが yes か no のどちらかだけのものだけに制限することにします。こういった問題のことを、**「決定問題」**とか「yes/no 問題」と呼ぶことがありますが、本書では単に「問題」と呼びます。つまり問題 P とは、質問 x が与えられたとき $yes(1)$ か $no(0)$ を答えるものです。扱っている対象の全体からなる集合を Ω とします。理論では自然数しか扱うことができませんので、対象 x は自然数 $\sigma(x)$ に翻訳されます。このように、「問題」自体に目を向けてみると**問題とは自然数の集合のことである**ということができます。

定義　問題とは　　　　　　　　　　　　　　　　　　Def-006

問題とは自然数の集合のことである

「問題」の定義をはじめて目にした読者は、この定義に奇異な感じを受けたのではないかと思います。理論の世界では、数とか関数とか集合などは現実に存在する物、すなわち「対象」として扱っています。「問題とは自然数の集合のことである」と定義することによって、「問題」も実存する対象として扱えるようになるのです。さらに問題自体を対象として扱うことで問題を**族（クラス）**に分類することができるのです。**族（クラス）**とは集合の「集まり」(集合) です。

9-8 ラッセルのパラドックス

　「集合」という概念を用いると、数学を構成する最も基本的な概念が形式的に定義できるようになります。しかし、集合という概念が導入されたころ、あるいは19世紀の末になっても、この概念はなかなか人々に受け入れられませんでした。しかし、ヒルベルトの計画が示すように、数学をかつてのギリシャ時代のユークリッド幾何学のように、論理的に信頼のおける盤石なものにしようとする動きが出てきました。20世紀の有名な哲学者で平和運動家でもあったラッセルもその一人でした。ラッセルは、**数学を最初から作り直そう**という壮大な計画を持っていました。もちろん基礎となる概念は集合です。しかしある時、ラッセルはこの集合という概念に重大な欠陥があることに気が付きました。これを**ラッセルのパラドックス**といいます。

　あるときラッセルは考えました。集合を全部集めてできる "集合" というものを考えることができるだろうか？　できたとして、これをΩとおこう。すると、Ω自身集合だから、ΩはΩの要素である。記号で書くと、

$$\Omega \in \Omega$$

となります。少し奇妙な感じもするが、これは認めざるを得ません。だとすると、次で定義される集合 A はどうか。

$$A = \{ B \mid B \notin B \}$$

言い換えると、A は「自分自身を要素として含まない集合」を全部集めて

できる集合となります。たとえば自然数全体の集合 N は集合を要素に持たないから $N \notin N$ です。したがって N は A の要素です。（ここからが、対角線論法です。）だとしたら「A は A の要素」でしょうか？

☑ 1. A は A を要素として含まない、すなわち $A \notin A$ と仮定

A の定義より、A は A の要素となります。これは矛盾です。

☑ 2. A は A を要素として含める、すなわち $A \in A$ と仮定

A の定義「自分自身を要素として含まない集合」より、A は A を要素として含まない、となりこれも矛盾します。記号で書くと以下のようになります。

$A \in A$ とすると $A \notin A$ に矛盾
$A \notin A$ とすると $A \in A$ に矛盾

　集合全体からなる集合を同じ集合とすると矛盾が生じてしまうのです。この矛盾を回避するため集合全体からなる集まりのことを集合と区別して **族（クラス）** と呼ぶことにしました。この章では計算可能性について述べてきましたが、チャーチの定立の本来の意図は、**"計算可能性" という概念の確立ではなく、その否定の概念である "計算不能性" を確立するためにありました。**次の章では、『計算不能性』について詳しく見ていきます。

Chapter 10 計算できない問題

コンピュータ・サイエンスの基礎となっている"チューリング機械の停止問題"のお話です。現在の多くの計算不能な問題はこの問題から派生していきます。どんなアルゴリズムでも実行できる万能チューリング機械、万能機械でさえも計算できない問題とは一体どんな問題なのでしょうか。

10-1 計算できない問題

　チューリングの重要な業績のひとつに、「計算できない問題」すなわち<mark>計算不能な問題</mark>を発見したことが挙げられます。今日ではこの問題は<mark>チューリング機械の停止問題</mark>と呼ばれています。実際にチューリングが発見したのはこの問題ではなく、「計算できない実数」と「計算できない論理式」なのですが、ほとんどの教科書がこの停止問題を「最初の計算不能な問題」としています。また多くの計算不能な問題がこの問題から派生してきています。「チューリング機械の停止問題」が計算不能であることを証明したのはマーティン・デイヴィス（1952）で、彼の著書『計算の理論』は、当時のコンピュータ・サイエンスの研究者の必読の書となっていました。本書でも、「最初の計算不能な問題」としてチューリング機械の停止問題を考えます。ただし、本書ではチューリング機械の代わりに計数機械（*while*プログラム）を用いていますから、チューリング機械の停止問題と同等の「*while*プログラムの停止問題」を考えます。

10-2 自己診断

　世界的に有名なロボット博士 "お茶の湯博士" はある島にロボットの国を作りました。その国のロボットは質問に対し、*yes* か *no* で答えてくれます。*yes* の場合は右手の緑の旗を、*no* の場合は左手のオレンジの旗を上げます。お茶の湯博士はいたく満足していましたが、あるとき、あるロボットが、ある質問に対し、*yes* とも *no* とも答えないことに気が付きました。もちろんこういったロボットがいるのは仕方ありませんが、こういったロ

ボットをなんとか見つけ出すよい方法がないものかと考えました。そこで、目の前に立ったほかのロボットの性能を評価するという能力を持たせたのです。たとえばあるロボットは、目の前に立ったロボットのバッテリーを調べ、まだ1年以上持つなら *yes* と、1年未満にバッテリーが切れるなら *no* と答えます。何を調べるかは、ロボットごとに決まっています。

そして *yes* とも *no* とも答えないロボットを見つけ出すために1体ずつ鏡の前に立たせることにしました。つまり**自己診断**させるのです。鏡の前に立って、*yes* か *no* かを答えるロボットを"自己診断可能"と呼ぶことにします。これだと国中のロボットを鏡の前に立たせればよいので、検査は簡単にできるだろうと、博士は考えました。

お茶の湯博士はロボットの研究者ですから、自分で検査するようなことはしません。これを検査するロボットを作ることにしました。これをドクターXと呼ぶことにします。ドクターXは、ロボットPが自己診断可能なら *yes* と答え、そうでないなら *no* と答えます。

　Pのプログラムを走査し、Pがどのような検査を行っているかを解析し…と、お茶の湯博士は考えました。そしてとうとう、お茶の湯博士はこのようなドクターXを作ることができないことに気が付きました。ここで、この証明を行います。

ドクターXを作ることができたと仮定します。

　ドクターXの右肩を壊しyesと答えられないようにしたものをドクターYと呼びます。ドクターYを鏡の前に立たせましょう。読者の皆さんはどうなると思いますか。

　右腕は壊れているので、noと答えるか、何も答えないかのどちらかです。

☑ **noと答えたとしましょう。**

　つまりドクターYは自分を自己判断できないと判断したということです。しかし、鏡をみてnoの旗をあげているということは自己判断できている

ということを意味しています。ここで矛盾が生じています。

☑ 何も答えなかったとしましょう。

ドクターXはどんなロボットに対しても *yes* か *no* を答えるのですから、何も答えないことは壊された右肩が原因です。つまりドクターXは *yes* と答えたはずです。ドクターYが何も答えていないのにドクターXは「Yは自己診断可能だ」と判断したことになります。ここでも矛盾が生じています。

どちらにしても矛盾が生じてしまうので、ドクターXを誰にも作ることはできないということになります。自分を鏡の前に立たせて自分自身が自己判断可能かどうかを判断するロボットは作ることができません。これこそが **計算できない問題** の本質です。

10-3 *while* プログラムの自己停止問題

この部分は本書のメインテーマのひとつなので、少々ていねいに説明します。理解の速い人にとっては同じ話の繰り返しに感じるかもしれません。ドクターXのお話をもう少し数学的な理論に合うように変更しましょう。ロボットの国のロボットは、高度な入力装置《目》を持っていますが、計算の理論では入力装置を理論から切り離しています。言い換えると、入力はすべて自然数に翻訳されて入ってくることにしているのです。Pをロボットとしましょう。Pを鏡の前に立たせるということは、「PにPの設計図（のコード）"P" を入力する」ことにあたります。ついでに、出力も変更しましょう。ロボットの国では旗を上げて *yes* か *no* かを答えたのですが、

Chapter 10

計算できない問題

155

今度は"青いランプ"か"赤いランプ"で *yes* か *no* かを答えることにしましょう。でも、これは本質的な仕組みに変更は加えていません。すると、ロボット P が自己診断可能であるとは、次が成立することを意味します。

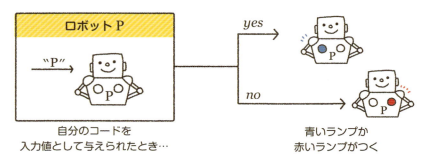

ドクター X をここでは判断ロボット X と呼ぶことにします。判断ロボットは、ロボット P の設計図 "P" が入力されたとき、ロボット P が自己診断可能かどうかを答えるロボットです。つまり、P に "P" が入力された時、P がちゃんと点灯するのであれば青いランプが点灯し、壊れている（どちらのランプも点灯しない）なら、赤いランプが点灯するようなロボットです。

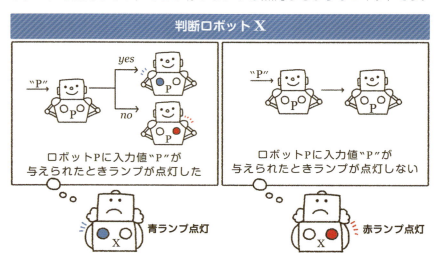

前に行った議論と同じですが、結論から述べると、自分のプログラムコードを入力値として与えられた場合に、答えをちゃんと出すロボットか否かを判断する**判断ロボットは作ることができません**。もう一度復習してみましょう。判断ロボットXを作ることができたと仮定しましょう。ドクターXの場合は右腕を壊したのですが、判断ロボットXの場合は青ランプを壊します。このロボットをYとします。Yに"Y"を入力すると、前と同様に矛盾します。

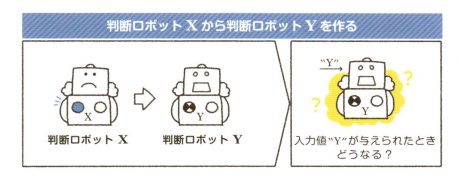

☑ 1. 入力値 "Y" のもとでロボットYのランプがついた

　判断ロボットYの青ランプは壊れているので、ランプがついたということは赤ランプがついているということになります。このとき判断ロボットが判断した頭の中を覗いてみましょう。

赤ランプがついたということは、「入力値 "Y" が与えられたとき点灯しない」と判断したということを意味します。ここで、現実の判断ロボットは赤ランプがついていて、頭の中の自分は点灯していないという状況なので、矛盾が生じています。

☑ 2. 入力値 "Y" のもとでロボット Y のランプがつかなった

入力 "Y" が与えられたときに点灯しなかった場合を考えてみます。点灯しなかったということは、もともと青いランプがつくはずの部分に答えがでたということになります。ここで頭の中を覗いてみましょう。青ランプが点灯するはずだったということは、頭の中で「判断ロボット Y はランプを点灯している」と判断したということになります。頭の中では「点灯している」と判断しているのに現実世界では点灯していません。ここでも現実世界の判断ロボット Y と頭の中の判断ロボット Y の状況が異なり、矛盾が生じています。

頭の中の自分の判断と現実の自分の判断が違ってしまうというところが対角線論法です。

つまりプログラムが正しいか（停止するか）どうかを判断する判断ロボットを作ろうとしても、自分を入力するという特別な場合において矛盾が生

じてきてしまいます。判断ロボットは、"いつでも正確に判断を下さなければいけない"という点も重要です。ある特別な場合、ここでは自分を判断する場合において、矛盾が生じてしまうのであれば、「判断ロボットは作ることができない」と見なされることに注意してください。

(ある特別な場合を除いて) だいたい判断できるロボットができても、判断ロボットが存在するとはいえないんだね。

そうジャ。そこが日常生活の感覚と少し異なるところなんジャ。日常生活では、『ほとんどのものを接着できる強力な接着剤』は、「なんでもくっつく接着剤」と呼んでしまうことが多いけれど、数学では反例が1つでも見つかると「なんでも接着できる」とは言わないんだ。数学ではくっつかないものが1つでもあれば、なんでも接着できる接着剤は存在しないということになるんジャよ。

　上の議論では、まだ"ロボット"というあいまいな概念が入っています。これを $\textit{while}$ プログラムに置き換えます。ただしここでは、すべての $\textit{while}$ プログラムは入力が1個とします。P を $\textit{while}$ プログラムとします。P に自分自身、すなわち "P" を入力したとき、P が停止するなら、P は<mark>自己停止する</mark>ということにします。停止するということは、出力があるということ、つまり何かを答えていることになります。上で述べたロボットの話では、ロボットが鏡を見て yes か no かを答えること、すなわち自己判定可能と同じことを表しています。ロボット P を見て「P が自己判定可能かどうか」を判断する問題を、$\textit{while}$ プログラムに焼き直したものが

while プログラムの自己停止問題です。

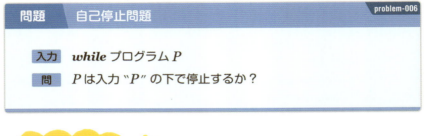

P は ***while*** プログラムです。この ***while*** プログラムに P をコード化した "P" を入力したとき、「停止するか停止しないか」を判断するのが自己停止問題です。結論から述べると、この問題は計算不能です。

while プログラム P がコード "P" を入力したときに「停止するか、もしくは停止しないか」を判断するプログラム X が存在するとします。

X は「P が入力 "P" の下で停止する」なら yes と答え、「P が入力 "P" の

下で停止しない」なら no と答えます。この X を少し変形してみましょう。 yes と答える部分を無限ループに置き換えたものを Y とします。プログラム Y に "Y" を入力すると、次のように矛盾します。

☑ 1. Y が入力 "Y" の下で停止しなかったとする。

停止しないのは無限ループに入っているということなので X が入力 "Y" の下で yes と答えたことを意味します。X の定義より、「Y は入力 "Y" の下で停止する」ことになり、矛盾です。

☑ 2. Y が入力 "Y" の下で停止したとする。

これは X が入力 "Y" の下で no と答えたことを意味します。すると「Y は入力 "Y" の下で停止しない」ことになり、これも矛盾です。

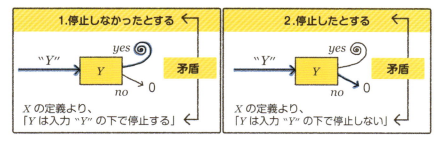

以上より、このような $Y(X)$ は存在しないということが言えます。このようにして、**while** プログラムの自己停止問題は計算不能であることが証明されました。

| 定理 | ***while*** プログラムの自己停止問題 | Thm-001 |

_while_プログラムの自己停止問題は計算不能である

10-4 _while_プログラムの停止問題

　前節で述べた **_while_** プログラムの **"自己" 停止問題**は、技巧的で不自然な感じがします。実際この問題は、計算不能であることを証明するために作られた問題で、通常はより自然な次の問題を扱います。この問題を**_while_ プログラムの停止問題**といいます。

| 問題 | ***while*** プログラムの停止問題 | problem-007 |

| 入力 | ***while*** プログラム P と P への入力 x |
| 問 | P は入力 x の下で停止するか？ |

　皆さんが、プログラム P を書き、P にデータ x を入力したとしましょう。しかし、コンピュータはいつまでも答えを出さないかもしれません。このようなとき、停止問題を計算してくれるプログラム *HALT* 君がいたとするととても助かります。その場合は、実行する前に *HALT* 君にお伺いを立てるのです。もし *HALT* 君が *yes* と答えた場合は、停止するというお墨付きがもらえたのだから、安心して P を x の下で実行してやればよいし、*no* なら実行せずに諦めることができます。

　しかし、こんな都合のよい *HALT* 君など存在しないことはただちにわ

かります。存在したとしましょう。$HALT$ 君への入力の x を "P" で置き換えます。つまり、$HALT$ 君に「**while** プログラム P と P への入力 "P"」を入力します。すると、$HALT$ 君は、「P は入力 "P" の下で停止するかどうか」を答えてくれます。言い換えると、$HALT$ 君は「**while** プログラムの自己停止問題」まで計算してしまうことになるのです。これは上で述べた「**while** プログラムの自己停止問題」が計算不能であることに矛盾します。計算不能性の直感的な説明はこれでよいのですが、理論を進めるためにこれまで述べてきたことをもう少し形式的に言い直すことにします。

以下の議論ではプログラムは **while** プログラムでなくてもよいので、以下では "**while**" を取っておきます。プログラムの停止問題が「計算可能だ」と仮定すると、停止問題を解くプログラム $HALT$ が存在します。プログラムの自己停止問題とプログラムの停止問題を図示すると、以下のようになります。

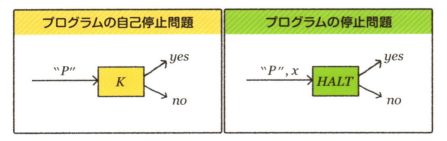

ここで K はプログラムの自己停止問題を解くプログラム、つまり P が入力 "P" の下で停止するなら yes、停止しないなら no と答えます。前節でも証明したように、このような K は存在しません。$HALT$ はプログラム P が入力 x の下で停止するなら yes, 停止しないなら no と答えます。プログラムの停止問題が「計算不能である」ことを証明する場合には、右の

$HALT$ を使って左の K が構成できれば (K のようなプログラムは存在しないことがわかっているので) プログラムの停止問題も「計算不能である」といえます。ではここで注目するべきところは入力です。左のプログラムの自己停止問題は入力 "P"（プログラム P のコード）。一方、右のプログラムの停止問題の入力は "P", x です。

　入力をコピーするプログラム $COPY$ を作ります。この $COPY$ を使って次のようなプログラムを M を作ります。

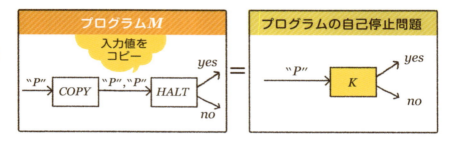

　このように入力をコピーするプログラム $COPY$ を付けることにより、入力の個数は 2 個となります。もしプログラム $HALT$ が存在したと仮定するなら、プログラム M も存在します。この M は K に他なりません。つまりプログラムの停止問題を解くプログラム K が存在することになります。

　while プログラムやチューリング機械の最大の利点は、定義が単純であることです。定義が単純であるから、模倣しやすい、すなわち他の問題に置き換えられやすいことになります。問題 A を問題 B に <mark>還元</mark> するとは、B を A で模倣すること、あるいは、問題 B に対する入力を問題 A の入力に変換することです。方向が逆になっているので注意してください。

whileプログラムの自己停止問題とwhileプログラムの停止問題はとても似ているなあ。
もう一度おしえて。2つはどこが違うの？

whileプログラムの自己停止問題は、入力値がwhileプログラムのコードただ1つだったね。whileプログラムの停止問題では入力値は$<\text{"}P\text{"}, x>$ となり、サイズが2の配列になるんジャよ。

　数学には同じ概念を別の言葉で述べることがよくあります。たとえば長方形のことを、矩形と言ったり、直角四辺形といったりします。本書でも、命題、条件、性質、… などはほとんど同じ意味で使っています。ここで、これらの概念を整理しておきましょう。ここでは、命題や関数などはすべて1変数(つまり入力の個数は1個)とします。命題の定義は「命題とは"真"か"偽"の値を取る関数」のことでした。P を命題とするとき、本書では次のような図を書いてきました。

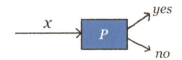

　同様の図を、P がプログラムや機械の場合も書きました。P が **while** プログラムの場合は、P は文法に従って書かれた文字列ですし、計数機械の場合は計数器を持つ機械であり、P が論理式の場合は、∧ とか ∨を使って書かれた式を表します。しかし、こういった細部を無視すると、すべて上の図のように表せます。数学では、細部の違いを捨て去り、抽象的に見ることがとても大切です。

また、この図は"問題"を表すのにも使われました。前ページの「自己停止問題 K」とか **10-4** の「停止問題 $HALT$」を見てください。これらの問題の入力は、任意の自然数ではなく、条件が付いています。問題はよく、次のような形で述べられます。

> **入力**　性質 B を持つ x
> **問**　x は性質 A を持つか？

このような B を「入力条件」といいます。プログラムを書くときなどは、どんなものを対象にするのかを、あらかじめはっきりさせておく必要があるからです。入力条件は次のようにして「問い」に含ませることができます。

> **入力**　任意の x
> **問**　x は B と A を共に満たすか？

皆さんは、**Chapter9** で「問題とは自然数の集合のことである」と定義されたのを覚えていますか？　こんな定義は納得できないと思われた方もいるでしょう。上の図で、P を集合としてみる場合、この図は「P が yes と答える x 全体からなる集合」を表します。記号で書くと

$$\{\, x \mid P(x) \,\}$$

となります。上の入力条件 B がついた問題 A を集合で表すと、

$$\{\, x \in B \mid A(x) \,\} \quad \text{あるいは} \quad \{\, x \mid B(x) \land A(x) \,\}$$

と書くことができます。

このように、問題 P を自然数の集合と同一視したり、P を解く **while** プログラムと見たりすると、議論が単純になり、記号の氾濫を防ぐことができます。

10-5 停止問題を集合として表す

Chapter9 で問題は自然数の集合として扱えることを述べました。つまり「**while** プログラムの自己停止問題」も「**while** プログラムの停止問題」も自然数の集合です。問題を自然数の集合として扱うことで、考え方がシンプルになります。「**while** プログラムの自己停止問題」は自然数の集合 K として形式化されます。

$K = \{$ "P" $\mid P$ は **while** プログラム, P は入力 "P" の下で停止する $\}$
$\quad\ = \{\, x \mid x$ は **while** プログラムのコードで、
$\qquad\quad x$ の表すプログラムは入力 x のもとで停止する $\}$

問題	自己停止問題 K	problem-008

入力 x

問 x は **while** プログラムのコードで、
プログラム x は入力 x の下で停止するか?

この自己停止問題を解く **while** プログラムも同じ記号 K で表すことにします。また、K は「問題」ですから「命題」でもあります。

もし K が計算可能なら、次で定義される Q も計算可能になります。

> **procedure** $z \leftarrow Q(x)$:
>   **if** $x \in K$ **then** loop **else** $z \leftarrow 0$

　ここで、K はドクター X で、Q は X の *yes* と答える部分を壊したドクター Y です。$x \in K$ は、x が **while** プログラム P のコードで、「P が入力 "P" の下で停止する」なら *yes* と答え、そうでないなら *no* と答えることを意味します。直観的な説明では長々した説明になりましたが、形式的なプログラムではたった 2 行になります。その分、わかりにくいと思います。 loop は無限ループを表すのですが、これは次のプログラムの略です。

> **while** $1 = 1$ **do begin end**

　すなわち、プログラム Q は、x が **while** プログラムで、x が入力 x のもとで停止したら無限ループに入り、そうでなければ *no* と答えます。つまりロボット Q（= ドクター Y）はドクター X の $z \leftarrow 1$（*yes* と答えるところ、すなわち青ランプをつけるところ）を無限ループに置き換えたものです。この Q に "Q" を入力すると矛盾します。

> $x = $ "Q" $\in K$
> $\Leftrightarrow Q$ は 入力 "Q" の下で停止する

　また、上のプログラムから、

> "Q" $\in K \Leftrightarrow Q$ は入力 "Q" の下で停止しない

となり矛盾です。

while プログラムの停止問題は、次で定義される自然数の集合 $HALT$ として形式化されます。

問題　**停止問題 $HALT$**　　　　　　　　　　　　problem-009

$HALT = \{ <"P", x> \mid P$ は **while** プログラム, P は入力 x の下で停止する $\}$

前に述べたように <mark>**while** プログラムの停止問題も計算不能</mark>です。これも形式的な証明をしましょう。自己停止問題 K は計算不能なので、K を解くアルゴリズムが存在しません。**while** プログラムの停止問題（すなわち $HALT$）が「計算可能である」と仮定します。すると、**while** プログラムの自己停止問題 K は、次の **while** プログラムで計算できます。

$$
\begin{aligned}
&\textbf{\textit{procedure}}\ z \leftarrow K(x): \\
&\qquad \textbf{\textit{begin}}\ y \leftarrow <x, x>; \\
&\qquad\qquad \textbf{\textit{if}}\ y \in HALT\ \textbf{\textit{then}}\ z \leftarrow 1\ \textbf{\textit{else}}\ z \leftarrow 0 \\
&\qquad \textbf{\textit{end}}
\end{aligned}
$$

これは、**while** プログラムの自己停止問題 K が「計算不能である」ことに矛盾します。$y \leftarrow <x, x>$ が前に述べた直感的な証明の $COPY$ にあたります。

10-6 打ち切り時間停止問題

次にこれとよく似た問題で、**計算可能な打ち切り時間停止問題**を見ていきましょう。

| 問題 | 打ち切り時間停止問題 | problem-010 |

入力 *while* プログラム P と、P への入力 x と、自然数 k

問 P は入力 x のもとで k ステップ以内に停止するか？

この問題は、*while* プログラムの停止問題とよく似ていますが、**計算可能な問題**です。次のようにして計算できます。プログラム P を入力 x のもとで実際に k ステップだけ動かしてみればよいのです。k ステップ以内に停止したら yes と答え、停止しなかったら no と答えます。この問題を計算する *while* プログラムを

$$z \leftarrow STEP(P, x, k)$$

とします。実際に $STEP$ を構成するには、**chapter8** で述べた万能プログラム WHL と U に少し手直しをすればできます。変数 count を用意し、最初に count に k をセットします。P をコンパイルし、機械語のプログラムに変換します。U を使って、P をコンパイルした機械語の命令を１つずつ実行します。１つ実行するごとに count から１引きます。count が０になったら、P の模倣を強制終了します。P が入力 x の下で停止したとします。たとえば 500 ステップで停止したとします。すると、499 以下の任意の k に対し、$STEP(P, x, k)$ は $no(0)$ と答え、500 以上の k に対しては $yes(1)$ と答えます。もし P が入力 x の下で停止しないなら、任意の k に

対し $STEP(P, x, k)$ は 0 と答えます。

プログラムの停止問題が計算不能なのは、プログラムがいつ止まるか予測がつかないからです。 予測ステップ数 k を与えれば、k ステップ以内に停止するかどうかは（実際に実行してみれば）判定できます。

0(偽) か 1(真) 以外の値を取らない関数を論理式といいます。$STEP$ は計算可能な論理式です。

また、$\exists k. STEP(P, x, k)$ は

$STEP(P, x, k) = 1$ となる k が存在する

を意味する論理式です。すると次が成立します。

P が x のもとで停止する $\Leftrightarrow$ $\exists k.STEP(P, x, k)$

$STEP(P, x, k)$ は計算可能ですが、$\exists k.STEP(P, x, k)$ は計算不能となります。この $STEP$ という関数は **chapter13** で問題の性質を調べるために用いられます。

10-7 不要な変数と不要な文

ある **while** プログラムの中に次の **if** 文が現れたとします。

if $STEP(P, x, k)$ **then** $u \leftarrow 0$;

代入文 $u \leftarrow 0$ が実行されるのは $STEP(P, x, k)$ が 1 の値を取るときに限ります。しかし $STEP(P, x, k) = 1$ となる k が存在するのは P が入力 x の下で停止するとき、またそのときに限ります。したがって、**if** 文自体

は計算できますが、一般に文 $u \leftarrow 0$ が実行されることがあるかどうかは、計算不能です。

　決して使用されることのない変数を「不要な変数」といい、決して使用されない文を「不要な文」といいます。もし不要な変数や不要な文を見つけてくれるようなシステムがあれば、プログラマはとても便利です。しかし、このようなシステムは計算不能なので作れません。

10-8 まとめ

　ここでは本書の目的のひとつである計算不能な問題を示しました。これは単に「計算できない問題が存在する」という存在定理ではなく、「停止問題」という具体的な問題が「計算不能である」ことを証明していることに注意してください。単に計算不能な問題が存在するだけなら、もっと簡単に証明できます（**Chapter12**）。一般に数学では、否定的な結果の証明は、肯定的な結果を導くときと全く違った方法を取ることが多いようです。「計算不能である」ことの証明では、自己言及（対角線論法）という、一見 "詭弁" とも取られかねないトリッキーな方法で証明されます。現在ではとても多くの問題が「計算不能である」ことがわかっていますが、すべてこの対角線論法で証明されています。また、ほとんどのものが「停止問題」から還元していくことによって証明されています。現在では、対角線論法は詭弁ではなく、正当な証明方法として認められています。

Chapter 11 チューリング機械と計数機

計数機械という計算モデルを使って、機械が計算する仕組みを考えてきました。チューリングが考えたチューリング機械は計数機械と本質的には同じ能力を持ちます。ここでは"チューリング機械を模倣する計数機械"また逆に"計数機械を模倣するチューリング機械"について考えてみましょう。

11-1 自然数論と言語理論

　本書で述べた計数機械は自然数を対象としています。自然数には足し算や掛け算などの"演算"が定義されます。足し算や掛け算を含んだ自然数の体系を自然数論といいます。自然数論というと聞きなれないかもしれませんが、負の整数も扱う整数論については、知っている人も多いのではないかと思います。自然数については、大昔から、たとえば古代ギリシアでも高度な理論が展開されていますし、「自然数とは何か」などいまさら改まって説明されなくても「先刻ご存知だ」とお思いでしょう。**Chapter1** で述べたディオファントスも古代ギリシャの数学者です。しかし、自然数が形式的に、厳密に定義されたのは 19 世紀の終わりになってからのことなのです。ペアノが自然数の厳密な定義を与えたのですが、これについては**Chapter3** ですでに述べました。

　では、「自然数」は「計算」の必須要素なのでしょうか。「計算」あるいは「思考」には常に「自然数」が関わっているのでしょうか。現在計算の理論には、

> (1)　自然数を対象とした理論
> (2)　文字列を対象とした理論

の 2 通りの"流儀"があります。どちらを選ぶかは単に好みの問題で、本質的な違いはありません。本書で述べた計数機械や **while** プログラムは、自然数を対象としており、現在のコンピュータととても相性がよく、初心者にとって直観的に理解しやすいモデルだといえます。一方、チューリングの創設した理論は (1) の文字列を対象とした理論で、より原理的なモデル

でもあり、専門家好みのモデルといえます。しかし、あまりにも"原始的"なため、準備段階を習得するまでに苦労します。以下では、(2) の理論について簡単に解説しましょう。

ペアノが自然数を定義したように、文字列を対象とする理論にも"文字"とか"文字列"などの諸概念の形式的な定義があります。これは **Chapter1** で述べたように、「数学というものを土台から厳密に定義しよう」という流れの中で生まれた理論だからです。初心者の人は、形式的な議論は消化不良を起こすかもしれませんから、これから述べることは、だいたいの雰囲気を感じ取っていただくだけで結構です。

有限個の"文字"からなる集合 Σ を考えるところから理論は始まります。すると、まず「"文字"とは何か」、「"文字"の定義は」という疑問が持ち上がります。形式論理では、"集合"とか"有限集合"から議論を開始します。具体的には次のようになります。

> ==アルファベット==とは有限集合のことである。Σ をアルファベットとする。Σ の元を (Σ 上の) ==文字==、あるいは==記号==と呼ぶ。

これが、"文字"と"記号"の定義なのです。したがって「文字とは何か」と聞かれたら、「有限集合 Σ の元のことです」と答えればよいのです。

次は"文字列"の定義です。

> 文字の有限列を==文字列==という。

"==有限列==" とは、ある集合に属する要素を有限個並べた列のことで、形式論理では説明なしに使ってよい概念 (原子概念) のひとつです (有限列とは

Chapter 11

チューリング機械と計数機

175

配列のことです）。理論では、"文字列"のことを"語"と呼ぶことがあります。文字列（つまり語）の集合を**形式言語**、あるいは単に**言語**といいます。上で述べた(2)の文字列に対する理論を"**形式言語理論**"といいます。

 ちょっとここでひとやすみ - 文字列の理論 -

Chapter7の復習になりますが、n個の文字 $a_1, a_2, \cdots, a_n$ を並べた列を**長さnの文字列**といいます。長さ0の文字列を**空の文字列**といい、記号 λ（ラムダ）で表します。

自然数には四則演算がありましたが、文字列の演算は"積"だけです。文字列 $x = a_1 a_2 \cdots a_n$ と $y = b_1 b_2 \cdots b_m$ に対し、積 $x \cdot y$ は次で定義されます。

$$a_1 a_2 \cdots a_n b_1 b_2 \cdots b_m \qquad ①$$

難しそうに述べましたが、文字列 x と y の積とは x のあとに y を並べて置いたものです。積 $x \cdot y$ を単に xy と書くこともあります。文字列 x について

$$x \cdot \lambda = \lambda \cdot x = x$$

が成り立つことに注意してください。すなわち上の①で $n=0$ のときと $m=0$ のときにあたります。

このような土台の上で、文字列に対する理論がはじまります。

11-2 オートマトン理論とチューリング機械

　もうはるか昔になりますが、1960年代に、自然言語の学者チョムスキーが、英語などの自然言語の文法の数学的モデルを発表しました。当時は、コンピュータ・サイエンスがまさに始まろうとしているときで、数学者が集まって **オートマトン理論** を創ろうとしていました。オートマトンとはちょっとした洒落でつけた名前で"自動人間"のこと、今でいう"電脳"のことです。チョムスキーが提唱した文法と、数学者が提示したオートマトンが合体します。文法とは言語を定義するモデルで、オートマトンとは言語を認識するモデルです。当時の人は「知能は言語である」と考えていました。このようにして、形式言語理論は生まれ、発展していきます。

　オートマトンとは、チューリング機械の制限されたモデルです。以下ではいろいろなオートマトンについて解説します。まずはチューリング機械の復習をしておきましょう。**Chapter1** で述べたチューリング機械は、両方向に無限に伸びるテープを持っていましたが、ここではテープは片側無限とします。つまりテープは、「左端を持ち、右側に無限に伸びる」とします。テープは"ます目"に区切られ、各ます目には"文字"が書けます。使用できる文字の集合を Γ とします。Γ には"空白"と呼ばれる特別な記号を含んでいます。空白を記号 b で表すことにします。Γ の部分集合 Σ が、入力として許される文字の集合として指定されています。空白 b は、入力文字には含まれません。チューリング機械として許される動作は、ヘッドを1ます右に移動すること、1ます左に移動すること、ヘッドのあるます目の文字を読むこと、ます目の文字を書くこと、の4種類だけです。

Chapter 11

チューリング機械と計数機

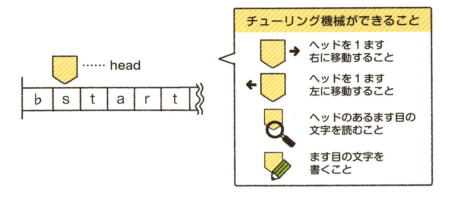

　新しい理論分野を勉強しはじめるときは、まずいろいろな細かな概念を覚えなければなりません。チューリングがはじめたのは、未踏の分野です。チューリングの論文は、厳密で形式的ではあるのですが、多くの記号が氾濫していて、とても難解なものでした。その後多くの研究者の手にかかり、何冊もの教科書が書かれ、説明も直観的でわかりやすくなってきていますが、やはりチューリング機械を習得するにはそれなりの努力が必要です。数学はどの分野でも、その分野だけで閉じた世界を作ります。本書ではすでに「計数機械の世界」を作り上げてきました。そこで、計数器の世界で、チューリング機械を構成することにします。

　皆さんは、「チューリング機械を模倣する計数機械を作りなさい」といわれたらどうしますか。大工さんか、電子技術師のつもりになって作ってみてください。計数機械は、数個の計数器があるだけで、計数器に対しては「足す1」と「引く1」しかできません。「そんなのできっこない」、と思うかもしれません。しかし私たちはすでに計数器を使っていろいろな道具を作ってきました。一番大きな道具は"配列"です。こういった道具を使えばなんでもできるのです。これが現在のコンピュータの威力なのです。

チューリング機械 M を構成しましょう。M のテープを表すのに配列 A を使います。配列 A は、現実の計数機械では1つの計数器にしかすぎません。しかし、計数器には任意の自然数が格納でき、自然数は因数分解すると配列として解釈できます。つまり、**魔法の力で計数器 A は配列に"変身する"**のです。もう1つ計数器 head を使います。head はテープのヘッドを表します。M は d 個の文字を使用するとしましょう。各文字に自然数 0, 1, …, d-1 を割り当てます。ただし、空白 b には 0 を割り当てます。文字 a に割り当てられた自然数を 'a' で表すことにします。

　すると、チューリング機械の命令は次のように表すことができます。

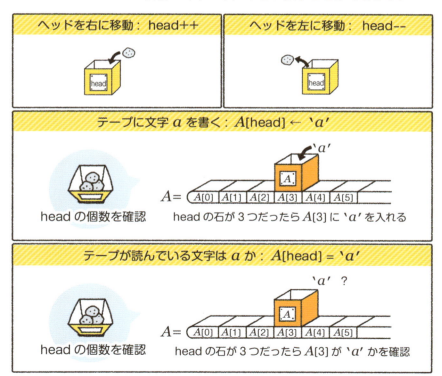

　この4つの命令文がチューリング機械の動きをすべて網羅しています。

たとえば、次は空白 b が現れるまで、ヘッドを右に移動するチューリング機械のプログラムです。

$$\textbf{\textit{while}} \ A[\text{head}] \neq \ \text{`b'} \ \textbf{\textit{do}} \ \text{head++}$$

このようにして、どんなチューリング機械でも **while** プログラムで実現できることがわかりました。

次に、逆に計数機械をチューリング機械で模倣することを考えましょう。ここで少し奇妙な現象が起きます。私たちは上で、チューリング機械を計数器機械で実現しました。このチューリング機械を使って計数機械を模倣するということは、計数機械で計数機械を模倣することになってしまうのではないか。実際はその通りですが、気にすることはありません。計数機械上で構成したチューリング機械は、もう一人前の自立したチューリング機械なのですから。

使用する文字はb, 1, #, % の 4 文字とします。たとえば使用する計数器が 3 個 x_0, x_1, x_2 でその内容が 5, 0, 3 なら、これを模倣するチューリング機械のテープの内容は

$$\#11111\#\#111\#$$

とします。

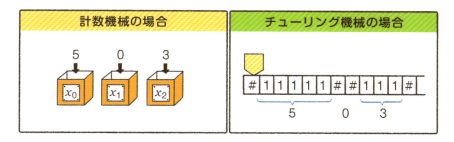

模倣を開始するときはヘッドは最左端の # を見ています。一般に x_0, x_1, …, x_k の内容が t_0, t_1, …, t_k ならチューリング機械のテープは以下のようになります。

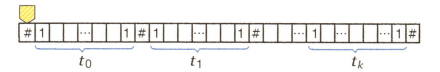

x_i の内容が 0 かどうかをテストするには、ヘッドを i 番目の # まで移動し、その右の文字が 1 かどうかを調べればわかります。

x_i に 1 加えるには、$i+1$ 番目の # から右に書かれた文字列全体を 1 ますだけ右にずらす必要があります。以下の手順で行います。

①まず $i+1$ 番目の # までヘッドを右に移動する。

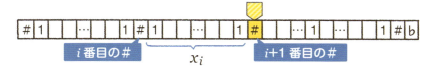

②この # を % に書き換える。

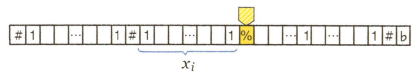

③**ヘッドを空白が現れるまで右に移動する。**

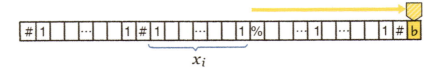

④**空白が現れたら、ヘッドを左に 1 ます戻し、次の手続きを実行する。**

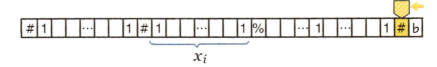

以下はチューリング機械の動きを表すプログラムです。一見すると **while** プログラムに見えますが、チューリング機械の基本命令のみで構成されていることに注目してください。

> **while** $A[head] \neq$ '%' **do**
>   **begin if** $A[head] =$ '#'
>   **then begin** head++; $A[head] \leftarrow$ '#' **end**
>   **else begin** head++; $A[head] \leftarrow$ '1' **end**;
>   head--; head--
>   **end**

この手続きは、前に書いた記号 % が現れるまで、現在ヘッドが読んでいる文字を右に移します。すなわち、現在読んでいる文字が # なら右のマスに # を書き、そうでないなら（読んでいる文字は 1 だから）1 を書きます。書いたらヘッドを 2 ます左に移動します。これで、% から右にあった文字列全体が、右に 1 ます移動できました。

現在読んでいる
文字が #

右のますに
を書く

左に
2ます移動

現在読んでいる
文字が # でない

右のますに
1 を書く

左に
2ます移動

あとは % を1で書き換え、現在の1つ右のます目に # を書き込み、ヘッド
を左端の # の位置に戻せば模倣が終了します。x_i から1引く手続きも同様
にできます。これによって**計数機械の動作をチューリング機械で模倣でき
ることが証明できました。**

　チューリング機械のプログラミングにはいろいろな技法があります。特
徴的なものを1つだけ紹介しましょう。私たちは、計算したり物を考える
とき記憶のためにノートを使います。ノートは次のページに移ったり、前
に書いたことを知るために元に戻ったりできます。ノート1ページに書ける
文字数は決まっています。たとえば100文字としましょう。あるページに
100文字 $a_1, a_2, \cdots, a_{100}$ が書かれていたとしましょう。これをまとめて

$$[a_1, a_2, \cdots, a_{100}]$$

と書き、"**複合文字**"と呼ぶことにします。このような**複合文字**の全部の
個数は高々有限個です。したがって、それぞれの複号文字を1つの文字と

して扱うことができます。また、この複合文字の「i 番目の文字 a_i は b か？」と聞いたり、「i 番目の文字 a_i を b に書き換えよ」と命令したりすることができるものとします。

Chapter1 で述べたチューリング機械（つまり本来のチューリング機械）では、テープは両側に無限でした。この章で述べたチューリング機械のテープは、片側に無限です。次に、両側無限テープを片側無限テープで模倣する方法について述べましょう。今、両側無限テープの内容が下の図のようであったとします。

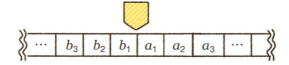

これを、片側無限のテープで模倣するには、途中で半分に切り、片側無限のテープで表します。つまり、1本のテープを上下2つのトラックに分け、上段のトラックで、両側無限の右半分を、下段のトラックで左半分を表現します。

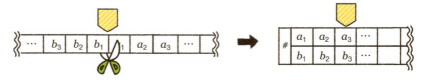

図の左端の枡目には常に左端であることを示す記号 # が書かれています。1ます目には複合文字 $[a_1,b_1]$ が、2ます目には $[a_2,b_2]$ が書かれていて、以下同様に続きます。上段のトラックを読んでいて、左端の # に達すると、次は下段のトラックに移ります。下段を読んでいて # を読んだときは上段に移ります。このようにすれば、両側無限テープは片側無限テープで模倣できます。

11-3 多テープ・チューリング機械

　これまで述べてきた1本のテープを持つ本来のチューリング機械は、**単テープ・チューリング機械**と呼びます。計算可能かどうかといった議論ではこのモデルで十分なのですが、計算の効率など、込み入った話になるとこのモデルでは不十分なので、現在では複数のテープを持つ、**多テープ・チューリング機械**がよく用いられます。以下では、多テープ・チューリング機械を $while$ プログラムでどのようにして表すかを説明します。

　k 本のテープを持つ多テープ・チューリング機械を考えます。k 本のテープを配列 A_1, A_2, $\cdots$, A_k で表します。それぞれのテープのヘッドを変数 $head_1$, $head_2$, $\cdots$, $head_k$ で表します。$while$ プログラムでは、基本実行文は x_i ++ と x_i -- の2種類だけで、基本判定文は x_i = 0? の1種類だけであったことを思い出してください。多テープ・チューリング機械では、基本実行文は次の (1), (2), (3) の3種類だけ、基本判定文は (4) の1種類だけです。

(1) $head_i$ ++	テープ A_i のヘッドを右に1ます移動する
(2) $head_i$ --	テープ A_i のヘッドを左に1ます移動する
(3) $A[head] \leftarrow$ 'a'	テープ A_i の現在のます目に文字 a を書く
(4) $A[head] =$ 'a'	テープ A_i の現在のます目の文字は a か?

　これらの基本実行文と基本判定文を使った $while$ プログラムで、任意の多テープ・チューリング機械が表現できることは明らかでしょう。入出力と、計算について少し補足しておきます。テープ A_1 を**入力テープ**と呼び、その他のテープを**補助テープ**と呼びます。計算を開始するとき、入力テー

プの左端のます目から順に入力の文字列が書きこまれ、その他のます目には空白bが書き込まれ、計算が開始されます。出力に関しては適当に定められています。

11-4 プッシュダウン・オートマトン(プッシュダウン・機械)

　プログラミングでよく使われる技法に、**プッシュダウン・スタック**というものがあります。これは物を格納する方法のひとつです。皆さんはカフェテリアなどで、料理を乗せる盆が積んである台を見かけたことがあるかもしれません。この台の底にはバネがついていて、一番上のお皿を取ると次のお皿が一番上にきます。お皿を1枚積むと、そのお皿が一番上にきて、前にあった皿は下に沈みます。こういった構造をプッシュダウン・スタックといいます。以下では、プッシュダウン・スタックを単に**スタック**と呼ぶことにします。

　多テープ・チューリング機械のテープの代わりにスタックを使った機械をプッシュダウン・オートマトン、あるいはプッシュダウン・機械といいます。プッシュダウン・機械では、次の(1), (2)の基本実行文と、(3)の基本判定文を使います。それ以外のものは使ってはいけません。

(1) push(A,`$a$`)	スタック A に文字 a を積む	
(2) pop(A)	スタック A の先頭の文字をスタックから外す	
(3) top(A,`$a$`)	スタック A の先頭の文字は a か？	

pop(A) で A が空のときは何もしません。また top(A,`$a$`) で A が空のときは、"偽" を返します。スタック A は配列を使えば簡単に実現できます。ただし、A のヘッドを表す変数は head 表には現れません。これは head がスタックのヘッド以外のことに使われるのを禁止するためです。

プッシュダウン・機械は、多テープ・チューリング機械と比べ、次の点でスッキリとしています。チューリング機械のテープは、片側無限だとしてもテープは無限に続きますが、スタックは常に有限です。テープの場合、無限を処理するために空白記号という余分な概念を必要としました。また、プッシュダウン・機械の場合は、上で述べた (1) から (3) の命令は、文字列の演算であって、テープとかヘッドという概念は必要ありません。

多テープ・チューリング機械がプッシュダウン・機械で模倣できることを示しましょう。A を片側無限テープとします。A を 2 つのスタック A' と A'' で模倣します。テープ A を、現在ヘッドが読んでいるます目の右側で切断します。A の左側の部分を A'、右側の部分を A'' とします。ただし A'' の右側で、あるます目から無限に b が続きますが、この無限に続く b は取り除きます。A' は左端が底で、右端のます目が先頭です。A'' は右端が底で、左端のます目が先頭です。

A' の先頭の文字を a、A'' の先頭の文字を b とします。チューリング機械のテープ A のヘッドを右に動かす動作は A'' の先頭の文字 b をスタッ

クから外し、それを A' に積むことで実現できます。A のヘッドを左に動かすには、A の先頭の文字 a をスタックから外し、A' に積みます。どちらの場合もスタックが空になったら空白記号 b を積みます。A のヘッドは A' のヘッドに対応するので、その他の動作の模倣は容易です。

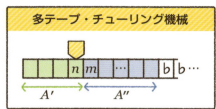
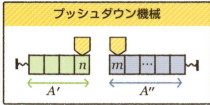

11-5 計算機モデルと現在のコンピュータ

ここでは計算機モデルにもいろいろなものがあることを紹介しました。ここで述べたものは、ほんの一部で、原始的なものばかりです。したがって、一方のモデルを他方のモデルで模倣するのはとても簡単です。では、将来現在のコンピュータをこえる能力を持った"機械"は現れるのでしょうか。現在の数学者は誰もそんな機械が存在するなんて信じていませんが、「ない」と言い切ることはできません。もし読者の皆さんの誰かが将来そのような"機械"を設計しようと思いついたら、まず現在のコンピュータの言語を使って、その"機械"を模倣（シミュレート）するプログラムを書いて見ることをお勧めします。もし模倣するプログラムが書けてしまうなら、そのプログラムは **while** プログラムに変換でき、その"機械"は計数機械で模倣できてしまいます。

この章で考えた計算機モデルは、とても単純なおもちゃのようなもの

で、皆さんの中には拍子抜けした感じを持たれた人もいるかもしれません。チューリングがチューリング機械を考え出したのは、もう100年も前のことで、コンピュータまだ出現していませんし、テレビ放送でさえまだなかった時代です。そんな時代にできたコンピュータの理論なんて、今ではもう陳腐なものになってしまっている、と思っていませんか？　ところが、これが理論の不思議なところなのですが、少しも古臭くなっていないのです。もちろん、チューリング以来これまでに数多くの計算モデルが考えられてきました。その中の1つを紹介しましょう。

　フォン・ノイマンが考えたものに**自己増殖機械**というものがあります。SFにもよく登場します。ある星に自己増殖機械をロケットで運びます。星に着くと、この機械はその星の資源を使って、自分の子供を産み出します。子供は子供を産み、その星はいずれ自己増殖機械で覆われます。ノイマンは理論家ですから、この自己増殖機械の数学的モデルを考え出しました。**セル・オートマトン（細胞オートマトン）**と呼ばれるものです。

　セル・オートマトンは、無限のます目を持った将棋盤だと考えてください。各ます目は"細胞"と呼ばれ、いくつかの"状態"を取ります。各細胞のまわりには8つの細胞があります。細胞は同期が取られていて、いっせいに状態を変えます。

　セル・オートマトンの最も単純なものはライフ・ゲームと呼ばれるものです。ライフ・ゲームはネットで手に入りますし、また簡単ですからコンピュータが得意な人は自分で作ってもよいでしょう。ライフ・ゲームでは各細胞が取る状態は、"生きている"か"死んでいる"の2つだけです。生きている細胞は、周りの生きている細胞が2個か3個の場合は生き続けますが、

Chapter 11

チューリング機械と計数機

それ以外の場合は死んでしまいます。また、死んでいる細胞は、周りに生きている細胞がちょうど3個のとき、生き返ります。こんな単純なゲームですが、「ライフ・ゲーム」はチューリング機械と同じ能力を持つのです。また、フォン・ノイマンの考えた「自己増殖機械」をこのライフ・ゲームで実現することもできるのです。すなわち、生きた細胞のパターンを作ると、その細胞が変化していき、自分を同じパターンの複製を作り出します。

　セル・オートマトンは数学的モデルでしたが、実際に生きた細胞を使って計算させる研究もなされています。これは「DNA計算」と呼ばれています。

Chapter 12 実数と問題のクラス

計算できる問題、計算できない問題をみてきましたが、この章ではさらに計算できない問題をこえた世界に議論を進めていきます。chapter9で問題は自然数の集合としましたが、さらに問題の「クラス」についても考えていきます。ここでは「計算できない問題」の世界(つまり問題のクラス)がどのような構造をしているのかを調べます。

12-1 自然数と実数

これまで自然数を扱ってきましたが、ここでは"実数"を考えます。自然数と実数について **数が数えきれないくらい多いか、数えられるほどなのか** に焦点を当てていきます。自然数と実数の決定的な違いはここにあります。

では具体的に、実数全体からなる集合 R と自然数全体からなる N を比べてみましょう。R も N も無限個の元があります。無限個の元を入れる入れ物を実際には用意することはできません。しかし、"集合"という概念を導入することで、無限個の集合をひとまとめにして扱うことができます。古代ギリシャ人も自然数が無限に存在することは認識していましたが、自然数全体を集合 N として、一括して扱うことはしませんでした。まとまりとして扱えるようになったことで、人間の認識力や物事を考える視点がガラッと変わりました。R と N は、両方とも要素の個数が無限個ある無限集合ですが、両者の間には **元の個数に差があること** にカントールは気が付きました。無限個の元を持つ集合なのに、個数に差があるというのは直感的には理解しづらいと思います。

カントールは"個数"という概念を無限集合にまで拡張しました。集合 R も集合 N もどちらも無限集合なので、元をひとつずつ数えていっても永

遠に数え続けることになります。無限集合の個数を考える場合、実際に数えるのではなく、"要素を1列に並べていく"という方法で考えることにします。すると N はその要素を1列に並べることができるのに対し、R はその要素を1列に並べられないのです。

より一般的に集合 A で考えてみましょう。A は空でない集合とします。つまり元が1つ以上存在するとします。

> **定義　枚挙とは** Def-007
>
> A の元すべてを $a_0, a_1, a_2, \cdots$ と1列に並べることを A を **枚挙** するという

枚挙できるかどうかという考え方は、その集合が **可算** か **非可算** かという個数の話に展開していきます。

自然数全体からなる N → **可算**（数えきれる）
実数全体からなる集合 R → **非可算**（数えきれないほどたくさんある）

"可算"という概念は自然数と実数を切り分けるために導入された概念

です。"可算"の文字通りの意味は"数えられる"ですから、直観的には、"自然数は数え切れるが、実数は数え切れないくらいたくさんある"と覚えてください。以下の議論では、空集合を除外します。

まずは可算集合の定義から見ていきましょう。

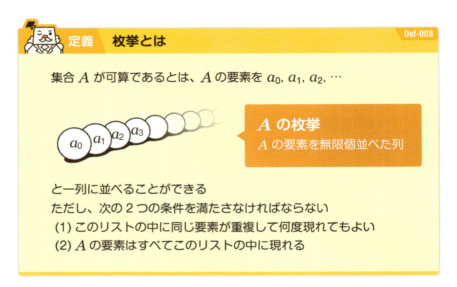

この2つの条件を満たすAの要素を無限個並べた列 $a_0, a_1, a_2, \cdots$ を A の **枚挙** といいます。(1)の同じ要素が何度現れてもよいとしたのは、有限集合を可算と定義したいためです。たとえば有限集合 {3, 5, 8} は、3,5,8 のあとに 8 を無限個加えて

> 3, 5, 8, 8, 8, ⋯

と枚挙できます。空集合を除外していることに注意してください。空集合は要素を持たないから枚挙できませんが、**空集合は可算である**と定義します。もう一度、可算の定義を復習しておきます。

> **定義　可算とは**　Def-009
>
> 集合 A が可算 ⇔ A は枚挙を持つ

可算でないことを**非可算**といいます。

12-2 実数と対角線論法

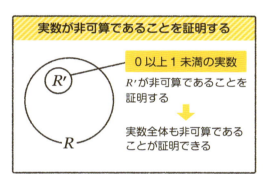

続いて、実数が非可算であることの証明です。実数全体が非可算であることを証明するには、0 以上 1 未満の実数が非可算であることがわかれば十分です。0 以上 1 未満の実数だけ取り出してきて、その範囲に数えきれないほどの実数があることがわかれば、実数全体も数えきれないといえるからです。

実数全体からなる集合を R で表します。また 0 以上 1 未満の実数全体からなる集合を R' で表します。式で書くと

$$R' = \{\, x \mid 0 \leqq x < 1 \,\}$$

となります。

　R' が非可算であることの証明(**カントールの対角線論法**)

　0 以上 1 未満の実数は、無限小数を使って

$$0.x_0 x_1 x_2 \cdots$$

と表現できます。ここで、x_0, x_1, x_2, … は 0 から 9 までの数字です。R' を可算であると仮定して矛盾を導きます。このような証明方法を**背理法**といいます。

R' を可算と仮定すると、R' は

$$a_0, a_1, a_2, \cdots$$

と 1 列に並べることができます。各 a_i は無限小数で

$$a_i = 0.a_{i0} a_{i1} a_{i2} \cdots$$

と表されます。各 a_{ij} は $\{0, 1, \cdots, 9\}$ の要素です。これを次のように縦に並べてみましょう。

$$a_0 = 0.a_{00} a_{01} a_{02} a_{03} \cdots$$
$$a_1 = 0.a_{10} a_{11} a_{12} a_{13} \cdots$$
$$a_2 = 0.a_{20} a_{21} a_{22} a_{23} \cdots$$
$$\cdots$$

このとき、対角線に現れる数字の列 a_{00}, a_{11}, a_{22}, … を使って無限小数

$$b = 0.b_0 b_1 b_2 \cdots$$

を次のように定めます。各 $i = 0, 1, 2, \cdots$ に対し、

$$b_i = 0 \qquad a_{ii} \neq 0 \text{ のとき}$$
$$b_i = 1 \qquad a_{ii} = 0 \text{ のとき}$$

a_0	$=$	0.	a_{00}	a_{01}	a_{02}	a_{03}	$\cdots$	
a_1	$=$	0.	a_{10}	a_{11}	a_{12}	a_{13}	$\cdots$	
a_2	$=$	0.	a_{20}	a_{21}	a_{22}	a_{23}	$\cdots$	
$\vdots$								
a_i	$=$	0.	a_{i0}	a_{i1}	$\cdots$	a_{ii}	$\cdots$	
$\vdots$								

b を次のように定める

▼

a_{ii} が 0 の場合は b_i を 1
a_{ii} が 0 以外の場合は b_i を 0

▼

$b=0.\,b_0\,b_1\,b_2\ldots$

　R' を可算であると仮定した場合、R' の元は 1 列に並べられるはずです。つまり 0 以上 1 未満の実数である b は R' の枚挙 a_0, a_1, a_2, $\cdots$ の中に現れるはずです。しかし b は枚挙 a_0, a_1, a_2, $\cdots$ の中に現れることはありません。このような方法で設定した無限小数 b は、どの a_i とも対角線のところで異なっているからです。

　b がこのリストに現れないとすると、はじめの仮定「R' を可算である」と矛盾します。

　参考までに具体例を 1 つ示します。a_0, a_1, a_2, $\cdots$ が次のような場合、b は次のように定められます。

a_0	$=$	0.	3	1	0	5	7	$\cdots$	$a_{00}=3$
a_1	$=$	0.	0	1	5	9	3	$\cdots$	$a_{11}=1$
a_2	$=$	0.	9	8	0	2	5	$\cdots$	$a_{22}=0$
$\vdots$									
a_i	$=$	0.	a_{i0}	a_{i1}	$\cdots$	a_{ii}	$\cdots$		a_{ii}
$\vdots$									

a_{ii} が 0 の場合は b_i を 1
a_{ii} が 0 以外の場合は b_i を 0

▼

$b=0.001\ldots$

　このように決めた b は枚挙 a_0, a_1, a_2, $\cdots$ の中に現れることはありません。「R' が非可算である」ことの証明はこれでいいのですが、念のために

Chapter 12

実数と問題のクラス

もうひとつ別の証明を紹介しておきましょう。

上の証明では、無限小数

$$0.x_0x_1x_2\cdots$$

を考えました。各 x_i は０から９までの数字でしたが、さらに制限して数字０と１だけが現れるものを考えます。このような無限小数全体からなる集合を R'' とします。R'' は R' の部分集合なので、R'' が非可算であることを示せばよいことになります。

R'' を可算と仮定すると、R'' は $a_0, a_1, a_2, \ldots$ と枚挙できます。無限小数の中には数字は０と１しか出てきません。０はオセロの駒の"白"、１はオセロの駒の"黒"と考えることにすると、これらの列は、次の図のようにオセロの駒が下と右に無限に敷き詰められたオセロ盤とみることができます（小数の最初の部分 0. は除いておきます）。

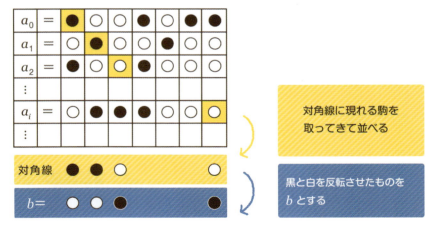

この図で示された列 b は、上の $a_0, a_1, a_2, \ldots$ の中には現れることができません。a_0 とは最初の駒が違います。a_1 とは２番目の駒が違います。

以下同様に、対角線上の駒が異なります。これは a_0, a_1, a_2, … が R'' の枚挙であることに矛盾します。

　上で「R' が非可算であること」が証明されました。「R' が非可算であればそれを含む実数全体からなる集合 R も非可算」であることは上で少し述べましたが、より形式的に証明すると、以下のようになります。証明はここでも背理法を用います。はじめの目的は「R が非可算であること」だったので、その否定、つまり「R が可算である」ことを仮定します。R を可算と仮定すると、R はその元を並べることができ a_0, a_1, a_2, … と枚挙できます。この中から R' の元を取り出したものは R' の枚挙となり、「R' も可算である」といえてしまいます。すると先に証明した「R' が非可算であること」に矛盾してしまいます。よって、背理法の仮定「R は可算である」が否定されました。

　集合 A が可算であるとは、A の要素を 1 列に並べることができることだと述べました。しかしこの ==“並べることができる”== というのは ==“原理的にできる”== ということであって、==“実際にできる” ということを意味しません。== 以下でそれを証明します。私たちはこれまで、“実際にできる ＝ $while$ プログラムでできる” という立場で議論してきました。$while$ プログラムに “枚挙する” という能力を持たせるために、厳密で形式的な記述というよりは直感的にわかりやすいよう、$while$ プログラムに次の命令を付け加えることにします。

$$print(x)$$

ここで x は変数名。この命令は、変数 x の内容をテープに印刷すること

を意味します。以下では集合は「自然数の集合」に限定します。N を自然数全体からなる集合とします。N は 0, 1, 2, … と枚挙できますから、可算です。したがって、N の部分集合はすべて可算です。

集合 A を枚挙するなんらかの実際的方法が存在するとき、A は **帰納的可算** である、といいます。実際的方法とは **while** プログラムのことでしたから、帰納的可算の形式的な定義は、次のようになります。

定義　帰納的可算　　　　　　　　　　　　　　　　　　Def-010

集合 A が帰納的可算 ⇔ A を枚挙する **while** プログラムが存在する

12-3 計算と受理

集合 A が計算可能であるとは、A を計算する **while** プログラムが存在することです。**while** プログラムが A を計算するとは、与えられた入力 x に対し、もし x が A の要素なら yes と答え、A の要素でないなら no と答えることです。

この no と答える部分の条件を緩和してみましょう。「no と答える」部分を無限ループに置き換えてみます。すると、yes と答えて停止するか、

あるいは停止しないかどちらかです。形式的には次のように定義します。

$while$ プログラム P が集合 A を **受理する** とは、「与えられた入力 x に対し、x が A の元なら停止し、x が A の元でないなら停止しないこと」である。

すると次の定理が成立します。

定理A　帰納的可算と受理　　　　　　　　　　　　　Thm-002

集合 A が帰納的可算 ⇔ A を受理する $while$ プログラムが存在する

定理 A を証明します。A を帰納的可算とすると、定義より A を枚挙する機械 P_1 が存在します。この P_1 を使って、与えられた入力 x が A の元かどうかを判断する機械 P_2 が構成できればよいわけです。入力 x が与えられると、機械 P_2 は機械 P_1 を始動します。すると P_1 は次々と A の元を枚挙しはじめます。x はいずれかはこのリストの中に現れます。もし x がこのリストの中に現れたら、P_2 は yes と答えて停止します。もし x が A の元でないなら永遠に待ち続けます（停止しません）。この P_2 を $while$ プログラムで書くと次のようになります。このように構成されたプログラム P_2 は A を受理します。

> **procedure** $z \leftarrow P_2(x)$:
>   **begin** $z \leftarrow 1$; $u \leftarrow P_1$ が最初に書き出す数 ;
>   **while** $x \neq u$ **do** $u \leftarrow P_1$ が次に書き出す数 ;
> **end**

逆を証明しましょう。A を受理する機械 P_3 が与えられたとします。この機械 P_3 を使って、次のような枚挙をする機械 P_4 を作ります。P_4 は $x = 0, 1, 2, \dots$ に対し次の実行をします。

> **if** P_3 は入力 x のもとで停止する **then** $print(x)$

これを **while** プログラムで表したものが次です。

> **begin** $x \leftarrow 0$;
>   **while** $1 = 1$ **do**
>   **begin if** P_3 は入力 x の下で停止する
>   **then** $print(x)$;
> $x{++}$
>   **end**
> **end**

このプログラムの 1=1 は常に真なので、無限に繰り返されます。このプ

ログラムはうまく動きません。"P_3 は入力 x の下で停止する"の部分で、停止しない場合、無限ループに入ってしまうからです。したがって、このような P_4 はあきらめ、次のように改良した P_5 を作ります。P_5 は打ち切り時間 i を設定します。そして各 x に対し P_3 を i ステップだけ動かすことにします。i はいくつからはじめてもよいのですが、0 からはじめることにし、各 i に対し、x を 0 から i まで動かします。各 x に対し P_3 を i ステップだけ動かし、計算途中なら強制的に計算を打ち切りますから、途中で無限ループに入ることはありません。これを **while** プログラムで表したのが次です。

```
begin i ← 0;
   while 1 = 1 do
   begin x ← 0;
      while x ≦ i do
         begin
            if P_3 は x の下で i ステップ以内に停止
               then print(x);
            x++
         end;
      i++
   end
end
```

このプログラムは **while** ループを 2 つ持っています。外側のループは無限ループです。今回の場合、**if** 文は必ず停止します。したがって、内側の **while** 文では、x は 0 から i まで増加し、これも必ず停止します。したがって、i は増加し続けます。この P_5 が書き出す数 x は、P_3 に入力したとき P_3 が停止する入力だけですから、A の要素に限ります。逆に x を A の任意の要素とすると、P_3 は入力 x の下で停止します。i はいくらでも大きくなりますから、いずれかは **if** 文の条件が満たされ、x は P_5 に書き出されることになります。すなわち、P_5 は A を枚挙します。

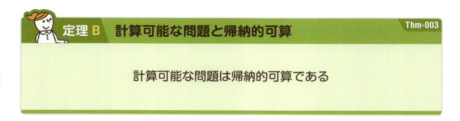

定理 B の証明は次のイラストから明らかです。

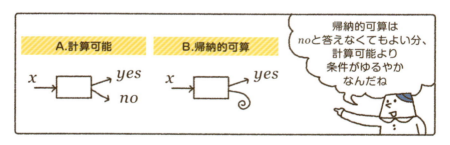

12-4 否定について

定理、証明、定理、証明…と続きますが、この一連のものを乗りこえなければなりません。数学にはときどきこのような難関があります。定理 A

から定理 C までが難所で、定理 D が山頂。山頂に着けば景色が見渡せますからもう少し頑張ってください。

　私たちは、ある命題の否定をよく扱います。たとえば「x は男性である」の否定は「x は男性でない」となりますが、この場合「普遍集合は何か」を明確にしておく必要があります。普遍集合とは扱っている対象全体からなる集合です。「x は男性である」といった場合、ふつう普遍集合は人間全体となり、その否定は「x は女性である」となりますが、普遍集合を動物全体とした場合、「x は男性である」の否定は「x は人間以外の動物であるか、または x は (人間の) 女性である」となります。以下では N を普遍集合とします。A を問題、すなわち N の部分集合とします。A に属さない自然数全体を A^c で表し、A の**補集合**、あるいは**補問題**と呼びます。

定理 C　計算可能性と補問題　　Thm-004

問題 A が計算可能なら、補問題 A^c も計算可能である

　M は A を計算する機械 (プログラム) とします。M の yes と答える部分を no と答えるようにし、no と答える部分を yes と答えるように変更した機械を M' とします。M' は A^c を計算します。

　上の定理が示すように、計算可能性に関しては問題とその補問題は対称的です。しかし、帰納的可算についてはこの対称性が成り立たないことがあとで示されます。

定理 D　計算可能性の必要十分条件　　Thm-005

> 問題 A が計算可能である必要十分条件は
> A と A^c が共に帰納的可算であること

　A を計算可能とします。すると、定理 C より A と A^c は共に計算可能です。よって定理 B より、A と A^c は共に帰納的可算となります。

　逆を証明しましょう。A と A^c が共に帰納的可算だとします。すると A を枚挙する機械 M_1 と A^c を枚挙する機械 M_2 が存在します。この M_1 と M_2 を使って A を計算する機械 M_3 を次のように構成します。

　x を M_3 への入力とします。M_1 と M_2 を起動し、それらの書き出すテープに x が現れるのを監視します。M_1 が書き出すテープに x が現れたら yes と答え、M_2 が書き出すテープに x が現れたら no と答えます。x が A の元なら M_1 は x を書き出し、x が A^c の元なら M_2 は x を書き出します。つまり、どのような x に対しても M_1 か M_2 のどちらかが x を書き出します。よって、M_3 は A を計算します。A を計算する M_3 が作れたので A は計算可能であることが証明されました。

定理 E　停止問題 $HALT$　　Thm-006

> $HALT$ は帰納的可算である

　10-4 で示したように、停止問題 $HALT$ は計算不能です。$HALT$ が帰納的可算であることを示すには、定理 A より $HALT$ を受理する **while**

プログラム Q を作ればよいわけです。Q はまず入力が $<\text{"}P\text{"}, x>$ の形かどうかをチェックします。ここで P は **while** プログラムで、もし入力がこの形でないなら、無限ループに入ります。もし入力がこの形なら、入力 x の下でプログラム P を実行します。P が入力 x の下で停止するとき、またそのときに限り Q は入力 $<\text{"}P\text{"}, x>$ の下で停止します。したがって、Q は $HALT$ を受理します。

実際に $HALT$ を受理するプログラムを書くと以下のようになります。

$HALT$ を受理するプログラム Q

procedure $z \leftarrow Q(w)$:
 begin w が $<\text{"}P\text{"}, x>$ の形かどうか調べ、
  この形でないなら $loop$;
  $z \leftarrow WHL(\text{"}P\text{"}, x); z \leftarrow 1$
 end

定理 F　停止問題の補集合　　Thm-007

$HALT^C$ は可算ではあるが、帰納的可算ではない

$HALT^C$ が帰納的可算であったと仮定します。すると、$HALT$ と $HALT^C$ が共に帰納的可算となり、定理 D より $HALT$ は計算可能となってしまいます。これは矛盾です。

$HALT^C$ は自然数の集合ですから可算です。しかし、定理 F より帰納的

可算ではないのです。つまり、「原理的には可能」であっても「実際には不可能」なのです。数学には、このように"真"であることがわかっていても、真であることを示す「具体例を示すことができない問題」が存在するのです。たとえば、ヘックスというゲームは先手必勝であることがわかっていますが、どのようにゲームを進めれば先手が勝つかを示す「必勝戦略」は現在のところ見つかっていません。

12-5 まとめ

　数学の定理というのは、肯定的なものと否定的なものが双対ではないことがわかります。肯定は答えることができても否定の場合は答えられない、あるいはその逆もあります。実際並べられる手段があることと、計算可能性の関係もはっきりさせました。この章では「計算できない問題」をひとくくりにせず、さまざまな側面から分類することで、**計算できないとはないか**を追求しました。感覚的には、「ひとことに無限といっても、無限には差があるのか」を考えることに似ています。

Chapter 13 計算可能性をこえて

問題はどれほどの数あるのでしょうか。この章では問題は数えられないほどたくさんあることについて詳しく述べていきます。また、計算できない問題にも「難しさの階層」があることを示します。これは「数学理論構造と難しさ」の理論へとつながります。

13-1 個数と濃度

　チューリングの理論の根っこにあるのは、**カントールの集合論**でした。対角線論法を最初に用いたのもカントールです。集合において最も基本的なのが"個数"です。皆さんは数をどのように数えますか。指を折って数えるかもしれません。たとえば4万人入るスタジアムに観客が何人入ったか、どのようにしたらわかるかを考えてみてください。空席がどのくらいかを見ればだいたいわかります。半分くらい埋まっていたなら、入った人数は約2万人です。もっと正確に知りたいのなら、売れたチケットの数を数えればわかります。これを「売れたチケットの数と入った観客の数には1対1の対応がある」といいます。

　有限集合の場合はこれでよいのですが、無限集合になると、おかしなことが起こります。あの有名なガリレオ・ガリレイもこのことに気がついていました。ガリレオは著書『**新科学対話**』の中で、登場人物の一人に次のように発言させています。「自然数の大部分は平方数でないから、平方数（の個数）は自然数（全体の個数）より少ない。」とすると、もう一人の登場人物が次のように1対1の対応を示します。

$$
\begin{array}{cccccccc}
1 & 2 & 3 & 4 & \cdots & n & \cdots \\
\updownarrow & \updownarrow & \updownarrow & \updownarrow & \cdots & \updownarrow & \\
1 & 4 & 9 & 16 & \cdots & n^2 & \cdots
\end{array}
$$

　しかし、ガリレオはこれについて、これ以上追及はしませんでした。現代の皆さんは、パラドックスでもなんでもないと思うかもしれません。し

かし、中世の数学者達はみな**ユークリッドの『原論』**の信奉者でした。原論には**「部分は全体より小さい」**と書かれています。一部分の個数は全体の個数と等しいはずはないと信じられていました。しかし、カントールはこの常識に逆らって、**"同じ個数"という概念を"1対1の対応があること"**と定義しました。無限集合に"個数"という用語はなじまないので、"濃度"という用語を使うこともあります。まとめると、集合 A と B に対し

　　　"A と B が同じ濃度" ⇔ "A と B には 1 対 1 の対応がある"

　可算集合とは「枚挙可能な集合」ということを思い出してください。ここでその可算集合を、「有限集合」と「可算無限集合」の2つに分離することにします。つまり、可算無限集合とは、「有限でない可算集合」のことです。A を可算無限集合とします。すると A は可算ですから、A の枚挙

$$a_0, a_1, a_2, \cdots \tag{1}$$

が存在します。これまでは、この列の中には同じ元が「何度も現れてもよい」としましたが、ここでは同じ元は「2度以上現れてはいけない」と制限を課すことにします。A の枚挙が与えられたとき、重複したものを消し去ればこの条件を満たす枚挙が得られます。A を可算無限集合と仮定したので無限個の元が残ります。(1) を同じ元が重複して現れない枚挙とします。ここで、自然数 n に a_n を対応させることにすると、自然数全体からなる集合 N と A とは 1 対 1 の対応がつきます。すなわち、次が示されたことになります。

Chapter 13

計算可能性をこえて

211

可算無限集合は N と同じ濃度である。

13-2　2進小数のお話

0 と 1 だけで表される小数を **2 進小数** といいます。ここでは次の形の 2 進小数を考えます。

$$0.a_0 a_1 a_2 a_3 a_4 \cdots$$

ただし、各 $a_0, a_1, a_2 \cdots$ は 0 か 1 とします。この 2 進小数の表す数は

$$\frac{a_0}{2} + \frac{a_1}{4} + \frac{a_2}{8} + \frac{a_3}{16} + \cdots \cdots$$

です。0 以上 1 未満の任意の実数が $0.a_0 a_1 a_2 a_3 a_4 \cdots$ の形の 2 進小数で表すことができることを示しましょう。$0 \leqq x < 1$ なる重さ x のものを天秤で量ると考えてください。重さがそれぞれの (1/2)、(1/4)、(1/8)、(1/16)、…の分銅を用意します。(1/2) の分銅を乗せたときに x の方が重ければ分銅を天秤に載せたままにし、そうでなければ取り除きます。(1/2) の分銅を 2 個乗せることはできません。重さが 1 を超えるからです。次に (1/4) の分銅を乗せます。x の方が重ければ乗せたままにし、そうでなければ乗せません。(1/4) を 2 個乗せることはできません。(1/4) の 2 個は (1/2) に相当するからです。現実の世界では天秤はいずれ釣り合います。数学者はとても心配性なので、原子の何億分の 1 の重さの場合も気になるかもしれません。その場合はこの操作は無限に続きます。このようにすると、途中で天秤が釣り合うか、あるいは無限に続きます。

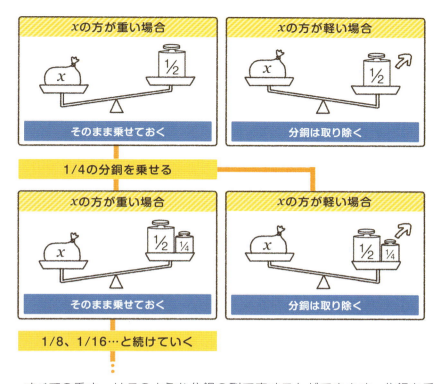

すべての重さ x はこのような分銅の列で表すことができます。分銅を乗せた場合を 1、乗せなかった場合を 0 と表現すると $0.a_0 a_1 a_2 a_3 a_4 \cdots$ で表せます。

前に、N の部分集合を"問題"と呼びました。N の部分集合を全部集めてできる集合を 2^N で表し、これを N の **べき集合** と呼びます。すなわち、2^N は "**問題全体からなる集合**" です。

- N の部分集合を **問題** と呼ぶ
- N の部分集合を全部集めてできる集合を 2^N (**N のべき集合**) で表す
- 2^N は "**問題全体からなる集合**"

では 2^N の濃度（問題の個数）はどれくらいあるでしょう。

実数全体の濃度を**連続の濃度**といいます。次の定理は、**問題の数は実数と同じだけある**ことを示しています。

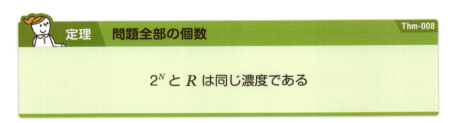

0以上1未満の任意の実数は

(*)　$0.x_0 x_1 x_2 \cdots,$　　　　　　　$x_0, x_1, x_2, \cdots$ は 0 か 1

の形の2進小数で表せることがわかりました。しかし、ここで困った問題がひとつあります。2つの表現を持つ数が存在することです。たとえば、1/2 は次の2つの表現を持ちます。

0.100000000… と 0.011111111…

10進小数でいうと、1/2 は 0.5000… と 0.4999… の2つの表現を持ちます。(*) の形の2進小数全体からなる集合を $R^\star$ と表すことにします。上の定理は、次の4つの補題を示すことによって証明されます。

補題1	2^N と $R^\star$ は同じ濃度である。
補題2	$R^\star$ と実数の集合 $\{x \mid 0 \leq x < 1\}$ は同じ濃度である。
補題3	$\{x \mid 0 \leq x < 1\}$ と $\{x \mid 0 < x < 1\}$ は同じ濃度である。
補題4	$\{x \mid 0 < x < 1\}$ と R は同じ濃度である。

補題 1　2^N と $R^\star$ は同じ濃度である。

自然数の各々の集合 A に、$0.x_0x_1x_2\cdots$ の形の 2 進小数を対応づけます。自然数 i が A の元なら x_i を 1 に、そうでないなら x_i を 0 とします。たとえば $A = \{\, 0,\, 3,\, 4\, \}$ なら、0 桁、3 桁、4 桁が 1 の2進少数 0.1001100 $\cdots$ を割り当て、A が偶数全体 $A = \{\, 0,\, 2,\, 4,\, \cdots\, \}$ なら A に 0.101010$\cdots$ を割り当てます。逆に

$$x = 0.x_0x_1x_2\cdots$$

で表される実数 x に対し、自然数の集合 $B(x)$ を次のように定めることができます。

$$B(x) = \{\, i \mid x_i = 1\, \}$$

このようにして、2^N の元と $R^\star$ の元の間には 1 対 1 の対応がつくことがわかります。

以下の **補題 2** から **補題 4** の証明は技術的なものですので、読み飛ばしてもかまいません。

補題 2　$R^\star$ と実数の集合 $\{\, x \mid 0 \leqq x < 1\, \}$ は同じ濃度である。

上の (*) の形の小数を次の 3 つの集合に分割します。

$$R_0 = \{ \text{あるところから 0 が無限に続くもの} \}$$
$$R_1 = \{ \text{あるところから 1 が無限に続くもの} \}$$
$$R_\omega = \{ \text{0 と 1 が共に無限個現れるもの} \}$$

あるところから1が無限に続くのを禁止することにすれば、実数の集合 $\{ x \mid 0 \leqq x < 1 \}$ は $R_0 \cup R_\omega$ の元として一意的に表現できます。ここで $R' = R_0 \cup R_\omega$ と置きます。

$$R' = \{ x \mid 0 \leqq x < 1, \ x = 0.x_0x_1x_2\cdots, \qquad x_i \text{ は 0 か 1} \}$$

具体的にいうと $0.0111\cdots$ は $0.1000\cdots$ と2通りの表現があるので、この場合は 1 が連続している表現方法を禁止します。$\overline{0} = 1,\ \overline{1} = 0$ と定めます。すなわち 0 と 1 をオセロのコマと見たとき、$\overline{x}$ はコマ x を反転したものです。R_0 から $R_0 \cup R_1$ への関数 f を次で定義します。

$$f(0.x_0x_1x_2\cdots) = 0.x_1x_2\cdots \qquad x_0 = 0 \text{ のとき}$$
$$f(0.x_0x_1x_2\cdots) = 0.\overline{x_1}\overline{x_2}\cdots \qquad x_0 = 1 \text{ のとき}$$

$x = 0.x_0x_1x_2\cdots$ を R_0 の任意の元とします。すると、あるところから 0 が無限に続きます。したがって、x_0 を除いた $0.x_1x_2\cdots$ は R_0 の元であり、x_0 を除いて各ビットを反転させた $0.\overline{x_1}\overline{x_2}\cdots$ は R_1 の元となります。逆に、R_0 の元 $0.x_1x_2\cdots$ からもとの R_0 の元 $0.0x_1x_2\cdots$ が復元でき、R_1 の元 $0.x_1x_2\cdots$ からも R_0 の元 $0.1\overline{x_1}\overline{x_2}\cdots$ が復元できます。このようにして、R_0 は $R_0 \cup R_1$ に 1 対 1 に対応していることが示せました。したがって $R' = R_\omega \cup R_0$ は $R^* = R_\omega \cup R_0 \cup R_1$ に 1 対 1 に対応しています。

補題 3 $\{x \mid 0 \leqq x < 1\}$ と $\{x \mid 0 < x < 1\}$ は同じ濃度である。

　２つの集合は、0 を含むか含まないかの違いですが、証明は意外と厄介です。したがって、お話からはじめることにしましょう。宇宙のあるところにホテルがありました。宇宙は広大ですから、そのホテルが可算無限個の客室を持っていたとしても驚くにはあたりません。あるときそのホテルは満室でした。そこにお客が 1 人やってきました。有限の世界のホテルなら、お客は泊まることができません。しかしこのホテルは無限個の部屋を持っています。次のようにして、部屋を 1 室空けることができました。0 号室は 1 号室に、1 号室は 2 号室に、n 号室は $n+1$ 号室に、一斉に移ってもらったのです。

　さて、$\{x \mid 0 \leqq x < 1\}$ から $\{x \mid 0 < x < 1\}$ への関数 f を次のように定めます。$0 \leqq x < 1$ の実数 x を 2 進無限小数で表すことにします。このような 2 進小数のうち

$$0.11\cdots1100\cdots \tag{1}$$

の形のものに注目します。x がこの形でないなら、x はそのまま、すなわち $f(x) = x$ と定めます。(1) の形のものについては、1 が n 個続くものは、ホテルの n 号室だと考え $n+1$ 号室に移します。すなわち、$0 = 0.00\cdots$ は $0.100\cdots$ に、$0.100\cdots$ は $0.1100\cdots$ に、と移します。つまり $f(0.1^n 0\cdots) = 0.1^{n+1}0\cdots$ ($n \geqq 0$) と定めます。ここで 1^n は 1 を n 個並べた列を意味します。このように定めた f は $\{x \mid 0 \leqq x < 1\}$ から $\{x \mid 0 < x < 1\}$ への 1 対 1 の対応となります。

補題 4 $\{x \mid 0 < x < 1\}$ と R は同じ濃度である。

$\{x \mid 0 < x < 1\}$ から R への関数 f を次で定義します。すると f は 1 対 1 の対応となります。

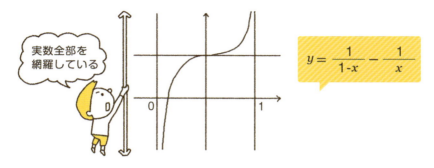

13-3 チューリングが実際に証明したこと

チューリングは**実数の計算可能性**を次のように定義しました。

> **定義　実数の計算可能**　Def-011
>
> 実数 $0.x_0x_1x_2x_3x_4\cdots$ が計算可能である必要十分条件は $0.x_0x_1x_2x_3x_4\cdots$ とテープに無限に書き続ける機械が存在すること

チューリング機械といえば**停止問題**というほど停止問題は世に知られていますが、実はチューリング自身の論文で出てくる機械は上の定義のように決して止まらないものでした。以下では実数 x とは $0 \leq x < 1$ かつ、2進小数で表されているものとします。チューリングが定義した実数の計算可能性は、本書で扱ってきた問題（集合）の計算可能性とは少し異質です。次の定理は「実数の計算可能性」を「集合の計算可能性」で言い表したものです。

> **定理** 実数 x が計算可能 　　　　　　　　　　　　　　Thm-009
>
> 実数 x が計算可能である必要十分条件は問題 $B(x)$ が計算可能であること

ここで、$B(x)$ は 2 進小数 x に対し、次で定義される自然数の集合です。

$$B(x) = \{\, i \mid x\, の\, i\, 桁目は 1 \,\}$$

この $B(x)$ は、実数と問題を対応づけたときに定義した集合です。定理の証明をする前に、この定理の内容を補足しておきましょう。実数 x の計算可能性の定義に現れる x を印字する機械を M_1 とし、$B(x)$ を計算する機械を M_2 とします。つまり

① x をテープに書き続ける機械を M_1
② i が与えられたとき、i 桁目を出力する機械を M_2

とします。定理は、この 2 つの定義が等価であることをいっています。

x が計算可能　①xをテープに書き続けるM_1
　　　　　　　　　②iが与えられたときi桁目が1かを判断するM_2

まず、実数 x が計算可能であると仮定します。するとテープに $x = 0.a_1 a_2 \cdots a_i \cdots$ と書き続ける機械 M_1 が存在します。集合 $B(x)$ を計算する機械 M_2 は次のように構成できます。機械 M_2 は入力 i が与えられると、M_1 を始動し、i 番目のビット a_i が書き出されるまで待ちます。$a_i = 1$ なら yes と答え、$a_i = 0$ なら no と答えます。したがって、$B(x)$ は計算可能となります。

逆に、$B(x)$ を計算する機械 M_3 が存在したとします。このとき、M_3 を使って、2進小数 x を印字し続ける機械 M_4 を作ることができます。

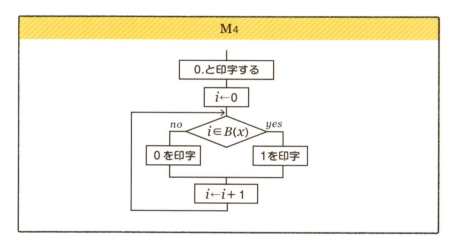

実数の計算可能性に出てくる印字機械は、実数の2進小数を延々と書き続けるものでなくてはなりません。ある桁のところで止まってしまって、その桁より後の桁を何も書かないものではいけません。チューリングはこのように2進小数を書き続ける機械を**正常な機械**と呼びました。**チューリングが対象としたのは0か1だけを書き続ける印字機械です。** チューリン

グが示したのは次の定理でした。

> **定理** 　**印字機械の正常性判定問題** *SEI* 　　　　Thm-010
>
> 印字機械 M が正常かどうかを判定する問題は計算不能である

M_1 と M_2 を、上の実数の計算可能性のところで述べた機械とします。すると次が成立します。

$$M_1 \text{ は正常である} \Leftrightarrow M_2 \text{ は任意の入力の下で停止する} \quad (1)$$

(1) を証明しましょう。M_1 が正常でなかったとします。すると、ある k が存在して、M_1 は k 桁より先は印字しません。M_1 より構成された M_2 は、k より大きな入力 i に対しては停止しません。逆に M_2 が、ある入力 k の下で停止しなかったとします。すると M_2 より構成された M_1 は、k 桁より先は印字できません。

プログラムの設計において、「任意の入力に対して停止する」ということは非常に重要で、"正しいプログラム"の条件であると見なされることがよくあります。また、アルゴリズムの教科書では、機械的に実行できる命令の列のことを"手続き"と呼び、「任意の入力の下で停止する手続き」をアルゴリズムと呼んでいます。本書の言葉でいうと、手続きとは ***while*** プログラムのことで、アルゴリズムとは任意の入力の下で停止する ***while*** プログラムのことである、となります。以下で標語的に述べ直しておきます。

> 手続き ＝ **while** プログラム
> アルゴリズム ＝ 任意の入力の下で停止する手続き

　以下この章では、アルゴリズムという用語はこの意味で用います。すると上で述べた (1) は次のように言い換えることができます。

> M_1 は正常である $\Leftrightarrow$ M_2 はアルゴリズムである　　　　　(2)

　さらに、上で述べた印字機械の正常性判定問題は、次のアルゴリズム判定問題と同値な問題となります。

問題　　アルゴリズム判定問題 ALG　　　　　　　　problem-011

入力　**while** プログラム P

問　P はアルゴリズムか？

　以上の議論をまとめると、上で述べた「印字機械が正常かどうかを判定する問題」が計算不能であることを証明するには、「アルゴリズム判定問題」が計算不能であることを証明すればよいことになります。

13-4 楽観主義者と悲観主義者

　"受理する" とか "計算する" という用語は、専門用語なのですが直観的にわかりづらいと思われます。そのため、以下では次のように言い換えることにします。A を集合とします。A を計算する機械を==完璧主義者==、A を

受理する機械を**楽観主義者**、A の補集合を受理する機械を**悲観主義者**と呼ぶことにします。完璧主義者は、任意の入力に対して答えますが、楽観主義者は答えが yes のときだけ、悲観主義者は答えが no のときだけ答えます。楽観主義者は、たとえば、宝を求めてさまよい歩く探検家だと考えてください。もし宝が存在するなら、いずれかは宝を発見して探検は終了しますが、宝がない場合は永久に探し求めます。悲観主義者はお医者さんです。きっと病気に違いないと思い、いろいろな検査を繰り返します。病気が見つかれば終了しますが、患者が健康な場合は永久に病気を探し続けます。問題 A が計算可能であるとは、A を解くアルゴリズムが存在すること、言い換えると A を解く**完璧主義者が**いる問題です。問題 A が帰納的可算であるとは、A を受理する機械が存在すること、言い換えると A を解く**楽観主義者**がいることです。A の補問題 A^c が帰納的可算であるとは、A を解く**悲観主義者**がいることです。

問題のクラス Σ と $\overset{\text{バイ}}{\Pi}$ を次で定義しましょう。

> Σ ： 帰納的可算な問題全体からなるクラス
> $\overset{\text{バイ}}{\Pi}$ ： 補問題が帰納的可算である問題全体からなるクラス

問題全体からなるクラスは 2^N で表されます。上で述べた用語を使うと次のようになります。

> Σ：楽観主義者の世界
> Π：悲観主義者の世界
> $\Sigma \cap \Pi$：完璧主義の世界

Chapter 13

計算可能性をこえて

A を $\Sigma \cap \Pi$ の元とします。

これは **Chapter 12** の**定理 D**（ Thm.005 ）と同じです。

先に示したように、2^N は連続の濃度、つまり数え切れないほどたくさんあります。一方、**while** プログラムは文字列で表され、文字列全体からなる集合は、辞書式順序で 1 列に並べることができます。したがって、**while** プログラム全体からなる集合は可算です。言い換えると、プログラムは数え切れるほどしかありません。Σ の各元 A には、A を受理するプログラムが存在します。つまり Σ は可算集合となります。同様に Π も可算集合です。したがって、$\Sigma \cup \Pi$ も可算集合となります。このことから、$\Sigma \cup \Pi$ に属さない問題がいくらでもあることがわかります。次節で **13-3** で述べたアルゴリズム判定問題（したがって印字機会の正常判定問題）が $\Sigma \cup \Pi$ に属さないことを示します。

13-5 数学の論理構造

論理演算子、$\wedge$, $\vee$, $\sim$ だけを使って構成される論理式は割と簡単ですが、大学に入ると、$\forall$ とか $\exists$ を使った論理式を学びます。**$\forall x$ を全称記号**、**$\exists x$ を存在記号**といいます。$\forall x$ は英語の all とか any に対応し、

∃x は some に対応するので、**量限定詞**とも呼ばれます。これらの量限定詞が付いた論理式は意味が格段に難しくなり、数学も難しくなります。

例を使って説明しましょう。$LIKE(x, y)$ を次の意味の 2 変数の命題とします。

$$LIKE(x, y) \quad \Leftrightarrow \quad x \text{ は } y \text{ が好きだ}$$

$LIKE$ に ∃x, ∃y, ∀x, ∀y などを付けると 1 変数の命題になります。意味は次のようになります。

$$∃x. LIKE(x, y) \quad \Leftrightarrow \quad y \text{ を好きな人がいる}$$
$$∃y. LIKE(x, y) \quad \Leftrightarrow \quad x \text{ には好きな人がいる}$$
$$∀x. LIKE(x, y) \quad \Leftrightarrow \quad y \text{ はみんなに好かれている}$$
$$∀y. LIKE(x, y) \quad \Leftrightarrow \quad x \text{ は全員が好きだ}$$

このように、限定詞を 1 つ付けると、2 変数の命題が 1 変数の命題になります。また、2 変数の命題 $LIKE(x, y)$ の変数 x とか y に定数（人物）を代入しても、1 変数の命題になります。たとえば $LIKE($ 太郎 $, x)$ とか $LIKE(x,$ 太郎 $)$ などは 1 変数の命題で、x に人物を代入すると、真か偽が定まります。否定についても少し考えてみましょう。

$$∃y. LIKE(x, y) \quad \Leftrightarrow \quad x \text{ には好きな人がいる}$$

の否定は以下になります。

$$∀y. \sim LIKE(x, y) \quad \Leftrightarrow \quad x \text{ は誰も好きではない}$$

Chapter 13

計算可能性をこえて

（これらの命題が真の値を取るか、偽の値を取るかは、対象となる人の集合と、それらの間の関係 $LIKE$ が定まっていなければなりません。ここでは、このような論理式の正確な説明は省略します。だいたいの感じがわかっていただくだけで十分です。）

「x は y が好きだ」という命題は簡単に判断できるとしましょう。そうだとしても、「太郎には好きな人がいる」とか、「太郎はみんなに好かれている」などの命題は、対象となる人全員に当たってみなければならず、判断するのに手間がかかりそうです。

以下では、「量限定詞が付くと計算の難しさが増加することがある」ということを理論的に証明します。

10-6 で、3 変数の命題 $STEP(P, x, k)$ を考えました。また 2 変数の命題 $HALT(P, x)$ と $ALG(P)$ も考えます。これらの命題の意味は次で示されます。

$STEP(P, x, k) \Leftrightarrow$ P は入力 x の下で高々 k ステップで停止
$HALT(P, x) \Leftrightarrow P$ は入力 x の下で停止する
$ALG(P) \Leftrightarrow P$ はアルゴリズムである

記述を簡単にするため、これらの式の右辺（つまり $\Leftrightarrow$ の右側）には次の条件が省略されていると考えてください。

P は **while** プログラムのコードである

すると、次が成立します。

$$
\begin{aligned}
HALT(P,\,x) &\Leftrightarrow \exists\,k.\ STEP(P,\,x,\,k) & \text{①}\\
\sim HALT(P,\,x) &\Leftrightarrow \forall\,k.\ \sim STEP(P,\,x,\,k) & \text{②}\\
ALG(P) &\Leftrightarrow \forall\,x.\ HALT(P,\,x) &\\
&\Leftrightarrow \forall\,x.\ \exists\,k.\ STEP(P,\,x,\,k) & \text{③}
\end{aligned}
$$

この 3 つの論理式を、日常語で言い直すと次のようになります。

①プログラム P が入力 x の下で停止する必要十分条件は、自然数 k が存在し、P が入力 x の下で k ステップ以内に停止することである。

②プログラム P が入力 x の下で停止しないための必要十分条件は、任意の自然数 k に対し、P が入力 x の下で k ステップで停止しないことである。

③プログラム P がアルゴリズムである必要十分条件は、P が任意の入力の下で停止すること、つまり、任意の入力 x に対し、自然数 k が存在して P が高々 k ステップで停止することである。

$STEP(P,\,x,\,k)$ は計算可能でした。したがってこの否定 $\sim STEP(P,\,x,\,k)$ も計算可能です。$STEP(P,\,x,\,k)$ に存在記号 $\exists\,k$ が付いた $HALT(P,\,x)$ は計算可能ではありません。したがって、計算可能な命題に存在記号が付くと計算不能になることがあることがわかります。また、停止問題の補問題 $\sim HALT(P,\,x)$ は、帰納的可算ではありませんでした。これより、計算可能な命題に全称記号 $\forall\,k$ が付くと、帰納的可算でさえなくなることがあることがわかります。

以下は直感的な説明になりますが、理論の雰囲気を感じとってもらうために、楽観主義者と悲観主義者に置き換えてお話をしてみましょう。

① 完璧主義者に「これは小人ですか？」と質問したとします。小人だった場合は「はい、小人です」と答え、小人でなかったら「小人ではない」と答えます。楽観主義者は小人が見つかるまで探し続けます。

② 完璧主義者に検査を依頼します。悲観主義者のお医者さんは病気が見つかるまで検査を繰り返します。病気が見つかったらはじめて、「no(健康ではありません)」と答えます。

お話からもわかるように、存在記号∃が付いた計算可能な命題は、このような方法で実現すれば楽観主義者になります。悲観主義者についても同様です。

次に③のアルゴリズム判定問題 ALG についても詳しく見てみましょう。ALG は、停止問題 $HALT$ やその補問題 $\sim HALT$ よりも難しそうに思えます。これは実際にどれくらいの難しさなのでしょうか。以下で考えてみましょう。

定理　アルゴリズム判定問題 ALG　　　　　　　　　　Thm-011

アルゴリズム判定問題に関する楽観主義の機械は存在しない

　アルゴリズム判定問題を解く「楽観主義者の機械」ALG 君がいたと仮定し、矛盾を導きます。まず、プログラムの停止問題に関しては次が成立します。

$$HALT(P, x) \Leftrightarrow \exists k.\ STEP(P, x, k)$$

したがって、停止問題の補問題 $\sim HALT$ に関しては次が成立します。

$$\sim HALT(P, x) \Leftrightarrow \forall k.\ \sim STEP(P, x, k)$$

つまり、「P が x の下で停止しない」⇔「任意の k に対し、P は x の下で k ステップ以内に停止しない」が成立します。

　楽観主義者 ALG 君を使えば、停止問題の補問題が楽観的に解けてしまうこと（つまり停止問題が悲観的に解けてしまうこと）を示します。

　$<P, x>$ を停止問題に対する入力とします。この P と x より、プログラム P_x を構成します。この P_x の構成は、命題 $STEP$ で考えたプログラムとほとんど同じです。ただし、P_x の入力は x ではなく、打ち切り時間の k とします。x は P_x のプログラム定数としてプログラムの中に取り込みます。P_x は P を k ステップだけ模倣します。k ステップ以内に P が停止してしまったら、P_x は無限ループに入ります。k ステップで P が停止しない場合は、P_x は停止します。つまり、P_x は P と停止に関して反対のふるまいを

します。つまり、次が成立するようにします。

> P は x の下で k ステップ以内に停止しない ⇔ P_x は入力 k の下で停止

　与えられた P と x より、このようなプログラム P_x を構成する機械を M とします。M を使って $<P, x>$ より P_x を構成し ALG 君に渡すと、停止問題の補問題が楽観的に解けてしまいます。

> P は入力 x の下で停止しない
> 　　　⇔ 任意の n に対し、P は x の下で n ステップ以内には停止しない
> 　　　⇔ 任意の n に対し、P_x は入力 n の下で停止する
> 　　　⇔ P_x はアルゴリズムである

定理　アルゴリズム判定問題　　　　　　　　　　　　　Thm-012

アルゴリズム判定問題に関する悲観主義の機械は存在しない

　アルゴリズム判定問題は停止問題より難しいことは直観的には明らかですが、形式的な証明を与えておきます。これもアルゴリズム判定問題を悲観的に解く「悲観主義」の ALG^c 君がいたとして矛盾を導きます。$<P, x>$ を停止問題の入力とします。P と x よりプログラム P_x を次のように構成します。P_x は x をプログラム定数とし、その代わりにダミーの入力 y を持ちます。入力 y は P_x にはなんの影響も与えません。すると次が成立します。

> P は入力 x の下で停止しない
> ⇔ P_x は任意の入力 y の下で停止しない
> ⇔ P_x はある入力 y の下で停止しない
> ⇔ P_x はアルゴリズムでない

ALG 君はアルゴリズム判定問題を悲観的に解きます。ALG 君を使えば、プログラムの停止問題も悲観的に解けてしまいます。これは矛盾です。

上の2つの定理から、前節で述べた印字機械の正常性判定問題が計算不能であることがいえます。単に完璧主義の機械が存在しないというだけでなく、楽観主義のプログラムも、悲観主義のプログラムも存在しません。

	計算可能 完璧主義者 yes no	枚挙できる 受理 楽観主義者 yes	枚挙できない 受理できない 悲観主義者 no
while プログラムの停止問題 *HALT*	いない	いる	いない
アルゴリズム判定問題 *ALG*	いない	いない	いない

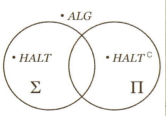

	yes	no	yes	no	
	○	○	○		$\Sigma \cap \Pi$
	×	○	×		$\Sigma - \Pi$
	×	×	○		$\Pi - \Sigma$
	×	×	×		ALG

簡単 ↓ 難

13-6 数学の論理の仕組み

Chapter12 と **Chapter13** で述べたことは "数学の論理のしくみ" に深く関わりがあります。これまでは、皆さんは "機械" というものを "現在のコンピュータ" のモデルと考えていたと思いますが、もう少し "機械" というものを大きく壮大なものだと考えることにしましょう。つまりここでの機械は、「現代の数学」を含む巨大な人工知能で、現代の数学で証明できるどんな命題もこの人工知能に聞けば答えてくれるとします。(本書では、計算に必要な計算時間や、記憶容量については考慮していません。本書では、"計算できる" ことを議論しているのではなく "計算できない" ことを議論しているのです。したがって、時間や記憶容量は無制限にあるとします。)

またこの人工知能は日々賢くなっていく機械で、新しい発見があればそれを "公理" として取り入れます。しかしこのような人工知能でも、決して答えることができない問題があるのです。上で述べた **アルゴリズム判定問題** がそのひとつです。いくら人工知能が学習して賢くなっても、ある *while* プログラム P が存在して、「P はアルゴリズムである」ということも、あるいは「P はアルゴリズムではない」ということも、どちらも答えることができないのです。これは、究極の人工知能ができないというだけではなく、現代の数学でも、あるいは将来の数学でもできないということです。ある公理を付け加えることによって、これまでできなかった「P はアルゴリズムである」ことが証明できたり、「P はアルゴリズムではない」ことが証明できるようになるかもしれません。しかしそうなったとしても、ま

た新たな *while* プログラム P' が存在し、P' についてはアルゴリズムで
あるかどうかは、拡張された数学でも判定できないのです。これはいつま
でも続き、"完全"になることはないのです。これが有名な「==ゲーデルの不==
==完全定理==」の大まかな解説です。

13-7 全体のまとめ

　今やキカイ（コンピュータ）は、人間に代わってさまざまな複雑な問題
を解き、現代社会においてはなくてはならない存在になっています。特に
人工知能については現在もなお、日進月歩で発展しています。それらの発
展の根底には==チューリング機械の数学的モデル==があります。さらに「機械
で計算できる問題かどうか」といった問題自体に研究対象を広げてみると、
今度は「問題を解くアルゴリズム自体がない」問題の世界もあることがわ
かりました。アルゴリズムがない、つまり==計算できない問題==が存在すると
いうことは、一見すると数学の限界を意味しているようにも聞こえ、否定
的に感じた読者もいるかもしれません。しかし、これは決して残念な発見
ではありませんでした。ひとつの山を登りきると、また新しい景色が広がっ
ているように、当時アルゴリズムを研究していた数学者たちが山頂まで到
達したとき、今まで知り得なかった新しい数学の景色が広がっていたので
す。知を探求する人々にとって、これ以上にワクワクすることがあったで
しょうか。まだ新しい発見があるかもしれない、そんなロマンがある分野
に感じられ、さらなる冒険心がかきたてられたことでしょう。

Chapter 13

計算可能性をこえて

233

INDEX -索引-

D

d 進数 100
d 進表現 100

H

HALT 162,169,206

N

N 48, 193
n 変数部分関数 89

R

R 48, 193

W

while プログラム 68
while プログラムの認識問題 145

あ

アルゴリズム 13
アルゴリズム判定問題 222

い

因数 110

え

演算コード 129
演算子 76

お

オートマトン理論 17

か

開始文 57
可算 193
関係演算子 95
関数 88
カントール 47
カントールの対角線論法 195

き

機械語 125
基底 45
帰納ステップ 46
帰納的可算 200
帰納的定義 73
帰納法 34
帰納法の仮定 46
基本実行文 71
基本判定命令 58
局所変数 81

く

クラス 38
クルト・ゲーデル 18
クレタ人 30

け

計算の理論	13
形式言語理論	17
形式主義	40
計数機械	57
ゲーデル	18
ゲーデル数	18
ゲーデルの不完全定理	232
決定問題	18,148
元	47

こ

合成数	110
公理論主義	40
コード	106
コード化	144
コンパイラ	125

さ

再帰法	34
算術化	122

し

自己言及	24, 32
自己言及のパラドックス	32
自然数	41
自然数全体からなる集合	48
自然数論	54
実行文	57
実数	192
実数全体からなる集合	48
集合論	47
ジュゼッペ・ペアノ	41
十進数	100
出力	60, 89

出力変数 75, 81

出力変数	75, 81
受理	200
循環論法	36
条件文	57
人工知能	10
真理値	90

す

数学的帰納法	40

せ

制御構造	96
成句構造文法	26
正常性判定問題	221
整数論	54
切点	60

そ

素因数分解	111
族	38
素数	110
素数判定問題	146

た

対角線論法	24, 195
第10問題	19
多テープチューリング機械	185
ダフィット・ヒルベルト	17
単項演算子	93

ち

チャーチ＝チューリングの定立	138
チャーチの定立	139
中位記法	76
チューリング	15

INDEX

索引

チューリング機械	15
チューリング機械の停止問題	23
チョムスキー	26

つ

| 対 | 108 |

て

d 進数	100
d 進表現	100
ディオファントス	20
デオファントス方程式	20
停止文	57
停止問題	162
手続き	222

な

| 流れ図 | 57 |

に

2 項演算子	76
2 進小数	212
2 変数関数	76
入力変数	75, 81

の

| ノイマン | 25 |
| 濃度 | 210 |

は

背理法	196
バベッジ	126
万能チューリング機械	124
万能プログラム	129

ひ

非可算	193
ビット列	19
ヒルベルト	17
ヒルベルト・プログラム	17

ふ

ブール代数	92
ブール値	90
フォン・ノイマン	25
複合文字	183
プッシュダウン・オートマトン	186
プッシュダウン・機械	186
プッシュダウン・スタック	186
部分関数	88
部分集合	47
プログラム内蔵方式	124
文	72

へ

ペアノの公理	41
ペアノの公理系	52
ペアノの算術	52
べき集合	213

ほ

| *while* プログラム | 68 |
| 本体 | 80 |

ま

| 枚挙 | 193, 194 |
| マチャセヴィッチ | 21 |

み

未定義 ……………………………… 89

め

命令計数器 ………………………… 127

も

文字 ………………………………… 175
文字列 ……………………………… 175
問題全体からなる集合 …………… 213

や

約数 ………………………………… 110

ゆ

有限列 ……………………………… 108

よ

要素 ……………………… 47，108

ら

ラッセルのパラドックス…………… 38，149

る

ループ ……………………… 60，70

れ

連続の濃度 ………………………… 214

ろ

論理演算子 ………………………… 90
論理式 ……………………………… 90

INDEX

索引

237

あとがき

　私は仕事柄、理論書より技術書の方を多く読みます。はじめて計算機理論の基礎の話を聞いた時は、「これがなんの役に立つのか」「今のコンピュータにどう生かされて、将来的にはどのように発展していくのか」ということばかりが気になって仕方ありませんでした。実際、仕事をする上ではスピードが求められたり、即戦力が求められることも多く、そんな世界に慣れてしまっていたのです。今思い返せば、はじめのハードルはそこにあったと思います。自ら新しい知識を得ることにブレーキをかけてしまっていたのです。"明日の実務で使えない知識は、今覚えても仕方がない"と無意識にシャットアウトしてしまい、脳が受け付けようとしていませんでした。そして、それは私だけではなく、多くの人が同じだと思い込んでいました。しかし、音楽や映画やスポーツの分野はどうでしょうか。映画を観たって明日の仕事に役に立つわけでありませんが、その映画の世界に夢中になることは多々あります。音楽に没頭する人は多くいますが、次の日、何かの役に立てるためにやっているわけではないと思います。『計算理論の分野も実はそれと同じなのではないだろうか。理論は役に立つか立たないかというような打算的なものではなく、知を探求すること自体が面白く楽しいものなのかもしれない。』実際、数学の計算機理論に魅了された数学者たちが、夢中になってこの分野を研究し、ひとつずつ積み上げて現在の数学を作っています。そう考え直してから、"なんの役に立つのか"ではなく、「この定理のどの部分が、当時の数学者を驚かせたのか」「どこが理解できると、この定理の面白さがわかるのか」

というところに興味がうつっていきました。少なくともシャットアウトすることはせずに、もう少し深く知りたいと思うようになりました。

　新しい分野が面白く感じるようになるには、どの分野でもそうだと思いますが、知識や技術の土台をつくるのにそれなりの努力と根気が必要です。逆を言えば、努力・根気がいると思っている時期はまだまだ基礎固めの段階で、それがじわじわと夢中になり、寝食を忘れて没頭するほどになれれば…それはもう努力とはいわず一人の研究者になっていくのだと思います。正直にいうと、私にとってこの本の執筆は努力と根気の連続でした。何度も挫けそうになりつつも、この分野に惹きつけられ夢中になって研究してきた先人達がたくさんいるという事実が、私を後押ししてくれて、一歩一歩前へ進むことができたと思っています。

　本文でも何度か出てきますが、『理論』と『技術』の間には少々隔たりがあります。理論上できないことは技術的に落とし込めませんし、また逆に、技術が伴わないことを議論しても机上の空論だと言われることは多々あるかと思います。その点でこの2つはぴったりと一致はしませんが、どちらを専門としている方(もしくはこれから専門としていこうと思っている方)にも端からシャットアウトせず、少し踏み込んで知ってみてほしいと思います。そこには自分が思いもつかなかった面白さが眠っているかもしれません。

著者略歴

阿部 彩芽 (Liltondesign)
大阪大学工学部を卒業後、同大学大学院に進学。創造社デザイン専門学校広告デザインを学び、広告制作会社にてグラフィックデザイナーとして勤務。現在は独立し、フリーランスとして活動。
http://liltondesign.com/

笠井 琢美
電気通信大学名誉教授。京都大学数理解析研究助手、電気通信大学計算機科学科助教授、同大学情報工学科教授を経て現在名誉教授。著書に『計算量の理論』『計算の理論』などがある。

お問い合わせについて

本書の内容に関するご質問は、下記の宛先まで FAX または書面にてお送りください。なお電話によるご質問、および本書に記載されている内容以外の事柄に関するご質問にはお答えできかねます。あらかじめご了承ください。

〒162-0846 東京都新宿区市谷左内町 21-13
株式会社技術評論社 書籍編集部
「チューリングの考えるキカイ」質問係
FAX 番号 03-3267-2271

※なお、ご質問の際に記載いただいた個人情報は、ご質問の返答以外の目的には使用いたしません。
また、ご質問の返答後は速やかに破棄させていただきます。

チューリングの考えるキカイ ～人工知能の父に学ぶコンピュータ・サイエンスの基礎～

2018 年 5 年 10 日　初版　第 1 刷発行

著者	阿部 彩芽、笠井 琢美
発行者	片岡 巌
発行所	株式会社技術評論社
	東京都新宿区市谷左内町 21-13
電話	03-3513-6150　販売促進部
	03-3267-2270　書籍編集部
印刷 / 製本	株式会社 加藤文明社

定価はカバーに表示してあります。
本書の一部または全部を著作権法の定める範囲を超え、
無断で複写、複製、転載、テープ化、ファイルに落とすことを禁じます。
© 2018 Ayame Abe, Takumi Kasai

造本には細心の注意を払っておりますが、万一、乱丁 (ページの乱れ) や落丁 (ページの抜け) がございましたら、小社販売促進部までお送りください。送料小社負担にてお取り替えいたします。
ISBN 978-4-7741-9689-3 C3004
Printed in Japan